Les Petits Créas font tout en PAPIER

Mes objets déco

par Magali Toursel

EMMA PROT
éditions

Sommaire

Le matériel pour fabriquer tes objets en papier

Des outils pour couper

Un **massicot** pour découper bien droit grâce à sa règle et sa lame intégrée (il en existe de différents formats, à lame fixe ou rotative).

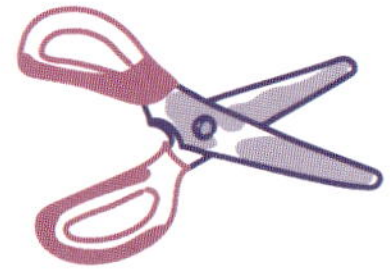

Des **ciseaux à papier** avec un bout arrondi.

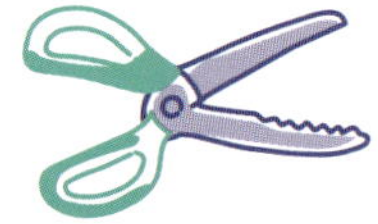

Des **ciseaux cranteurs** pour obtenir de jolies frises.

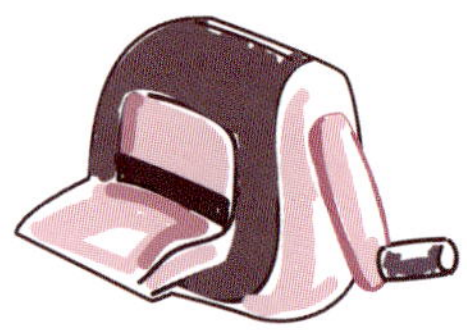

Une **machine de découpe** et des **formes de découpe *dies*** pour créer de nombreuses formes en papier et embellir toutes tes créations.

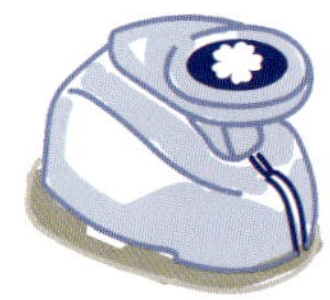

Des **perforatrices pinces** et **à levier** (de différentes tailles et différents motifs) pour réaliser facilement des embellissements.

Une trousse bien garnie…

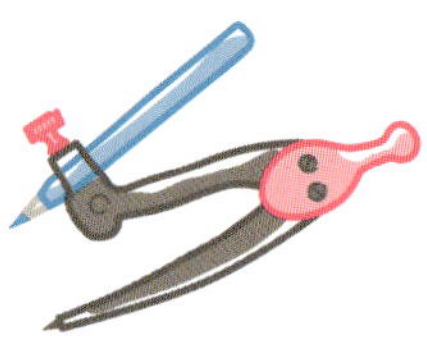

Un **compas**.

Un **crayon à papier**.

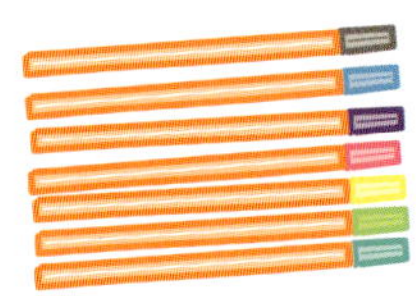

Des **stylos-feutres**.

Des **crayons de couleur**.

Des **punaises**.

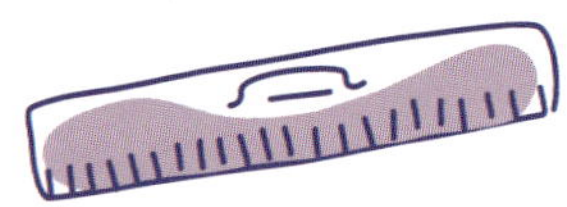

Une **règle d'écolier**.

Des embellissements

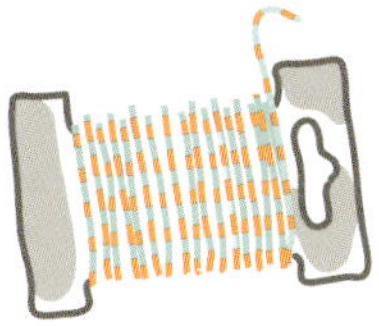

Une **ficelle bicolore**.

Un **cadre en bois Polaroid**.

Un **ruban**.

Des **formes de découpe *die-cuts*** que tu trouveras dans les magasins de loisirs créatifs (au rayon scrapbooking).

Des **fleurs en papier** de différents coloris et différentes formes.

Des ***masking tapes*** (pailletés, reflets dorés ou argentés, unis, imprimés...) de différentes largeurs.

Un **mini-alphabet** (en bois, en stickers, en mousse, en carton épais, en liège, etc.).

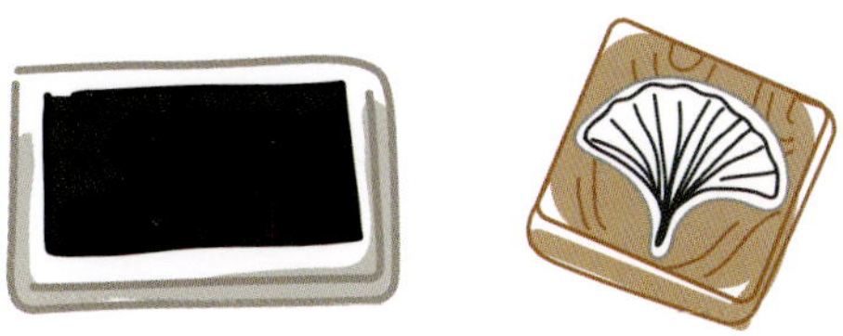

Un **encreur noir** et des **tampons** (en bois, en mousse, en caoutchouc, transparents, etc.) : les tampons en bois ou en mousse sont plus faciles à utiliser car ils ont déjà leur support.

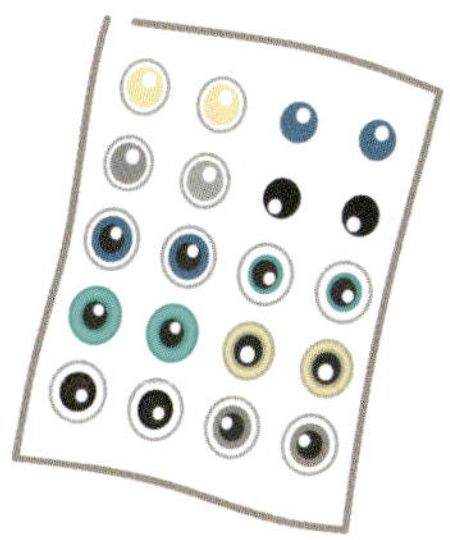

Des **stickers décoratifs « yeux »**.

Des **plumes**.

Des **pailles en papier**.

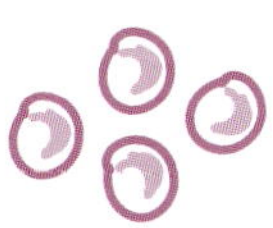

Des **strass**.

Des **petits boutons**.

Des **perles de pluie**.

Des **petites fleurs en résine**.

Des papiers créatifs

Tu trouveras dans les magasins de loisirs créatifs toutes sortes de papiers (appelés « papiers scrapbooking ») : aux formats A5, A4, 20 x 20 cm, 30,5 x 30,5 cm, à l'unité ou en bloc... Le choix ne manque pas !
Choisis l'épaisseur du papier selon le modèle que tu souhaites créer : utilise les papiers cartonnés pour y découper des formes (avec la machine de découpe ou la perforatrice) ou pour y coller d'autres papiers ; pour les pliages, sers-toi plutôt des papiers origami, qui sont très fins.
Il existe aussi différents types de papier : unis, imprimés, pailletés, brillants, etc. Fais-toi plaisir en les associant et en créant toi-même tes harmonies de couleurs et de styles !

Des **papiers cartonnés unis**.

Des **papiers imprimés**.

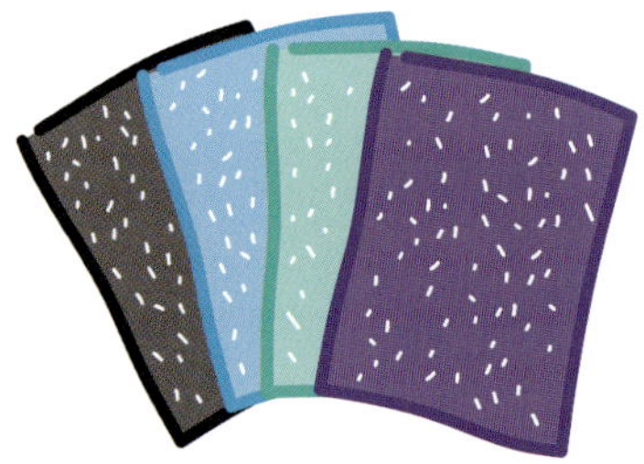

Des **papiers pailletés**.

Des **papiers origami**.

Des supports

Des **assiettes en carton**.

Des **petites boîtes rondes en bois**.

Un **tambour à broder**.

Un **rond en liège**.

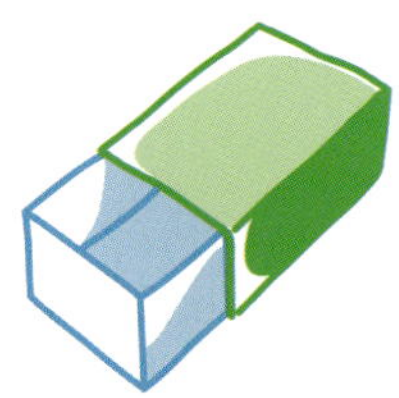

Une **boîte d'allumettes**.

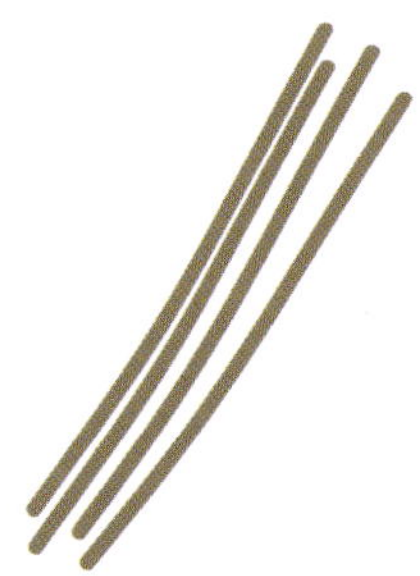

Des **brochettes en bois**.

Des produits pour fixer

Un **bâton de colle**.

Un **tube de colle blanche** pour coller des embellissements en matière (bois, résine, etc.). Pour coller des papiers entre eux (et éviter que ça gondole !), utilise l'adhésif ou le bâton de colle.

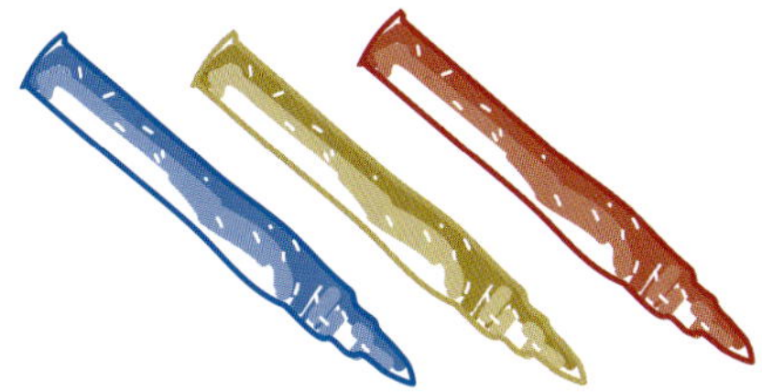

Des **tubes de colle pailletée** pour t'amuser à décorer tes créations (attention de bien laisser sécher !).

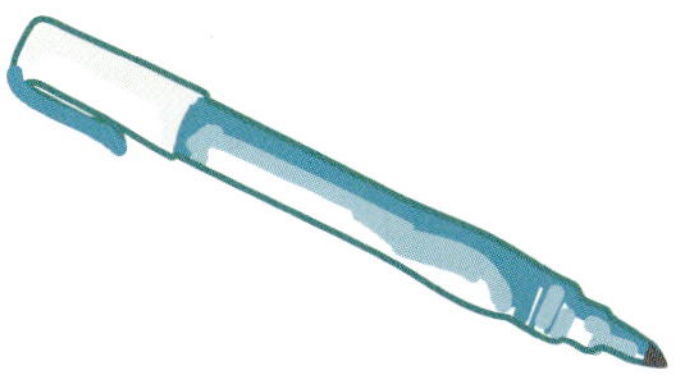

Un **stylo-colle** pour coller les petits morceaux de papier sans déborder (même si tu débordes, il n'y aura presque aucune trace, c'est magique !).

De **l'adhésif double face** (pour éviter de faire gondoler le papier !).

Des **carrés de mousse adhésifs double face** pour donner du relief à tes créations.

Une **agrafeuse** pour fixer tes papiers (amuse-toi à faire des croix avec deux agrafes ou choisis des agrafes de couleur).

Des ***masking tapes*** (pailletés, reflets dorés ou argentés, unis, imprimés, etc.), de différentes largeurs, pour fixer tes papiers et tes photos (ils peuvent également servir à embellir tes créations).

Un **mini-pistolet** à colle pour coller tout et vite (à utiliser seulement avec l'aide d'un adulte).

Avant de commencer

Reporte un gabarit

Le gabarit est un modèle qui te permettra de découper les formes de tes créations à la bonne taille.
Tu trouveras tous les gabarits dont tu as besoin à la fin de ce livre (tu peux les découper facilement en suivant le tracé).

MATÉRIEL

Pour reporter un gabarit, il te faut : un gabarit, un papier créatif, un crayon à papier et une paire de ciseaux à papier.

1 • Découpe un gabarit à la fin de ce livre.

2 • Pose-le sur le papier de couleur que tu as choisi.

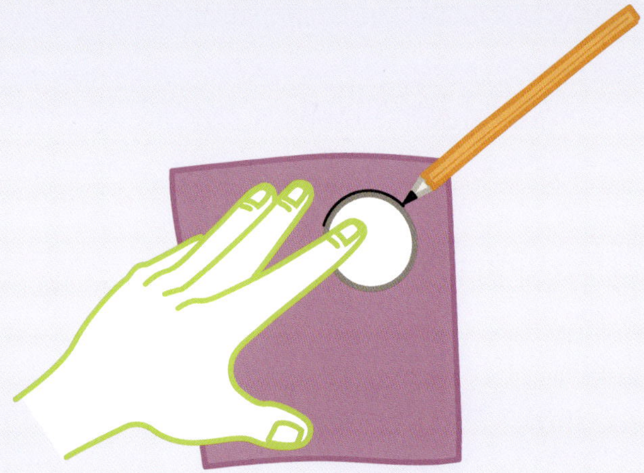

3 • Trace son contour à l'aide du crayon à papier, en le maintenant bien en place avec tes doigts.

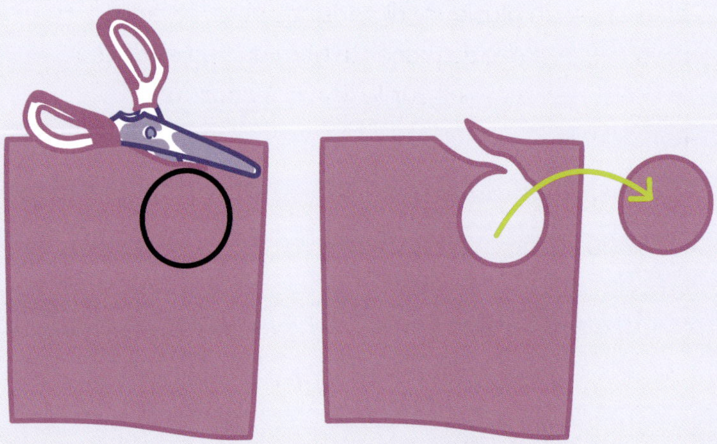

4 • Découpe le papier de couleur en suivant le tracé.

Dans notre exemple, tu obtiens un rond en papier.

Quelle adresse ! Tu pourrais reporter un gabarit les yeux fermés !

Utilise une perforatrice

Il existe quatre types de perforatrices. La plus utilisée est la perforatrice à levier.

La perforatrice à levier

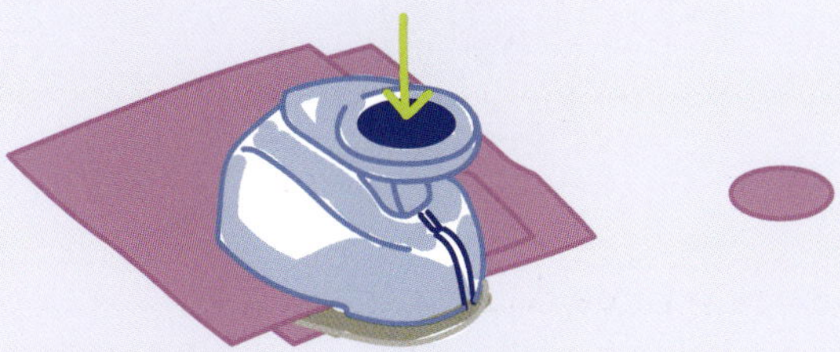

Elle existe en plusieurs dimensions et avec de nombreux motifs. Il te suffit de placer le bord du papier dans la fente et d'appuyer sur le levier. Et hop, une forme perforée !

La perforatrice pince

Elle permet de réaliser des petits poinçons de motifs simples : rond, étoile, etc. Pour cela, il te suffit de glisser le bord du papier dans la fente et de serrer les deux poignées !

La perforatrice frise

Grâce à son levier, elle permet de perforer de jolies frises sur le bord d'un papier. Son socle imprimé te guidera lors de la découpe.

La perforatrice volante

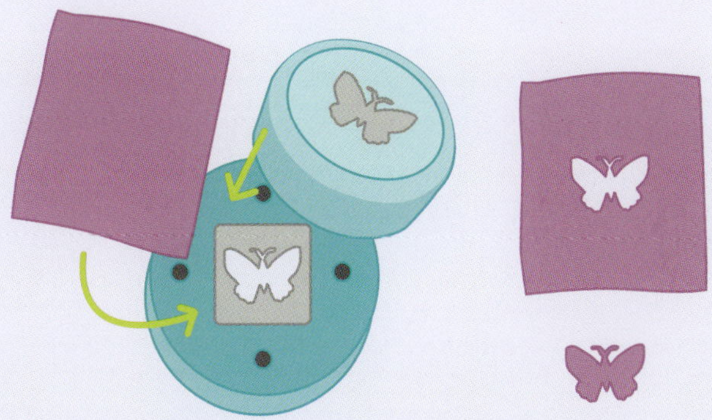

C'est une perforatrice nouvelle génération ! Comme ses deux parties s'aimantent, tu peux perforer ton papier où tu le souhaites (tu n'es plus bloqué(e) par le bord de la feuille).

Félicitations, tu maîtrises mieux que personne la perforation du papier !

La boîte à bisous

DIFFICULTÉ

MATÉRIEL

Une grande boîte d'allumettes

Une pochette de papiers origami (20 x 20 cm)

Du papier cartonné blanc

Une perforatrice pince motif « rond » (3 ou 6 mm)

Des lettres adhésives

Une bobine de ficelle bicolore

Du rouge à lèvres

Un stylo

Des ciseaux à papier

Un bâton de colle

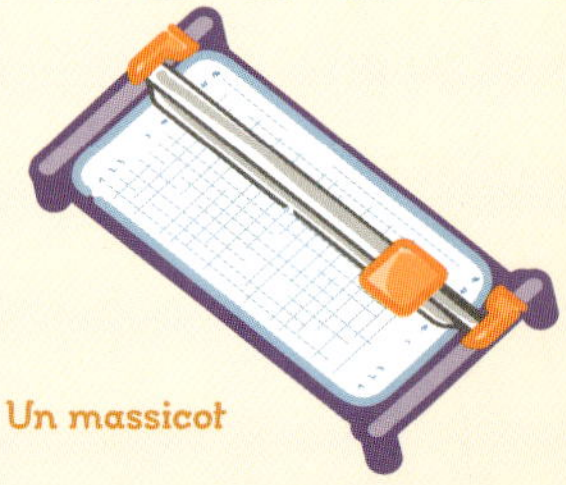

Un massicot

Connais-tu la dernière idée des Petits Créas ?
Fabriquer des boîtes à bisous !
« On ne peut pas mettre des bisous dans une boîte ! », commente une copine de l'école. « Bien sûr que si, affirme Chloé, il suffit d'écrire *Boîte à bisous* sur le couvercle et de penser très fort qu'il y a des baisers à l'intérieur ! » Max soupire : ses amis n'ont vraiment pas beaucoup d'imagination...
Myrtille offre une de ces boîtes à sa mère le jour de son anniversaire : « Tiens, maman, une jolie boîte à bisous pour toi. Tu pourras même y mettre des petits bijoux ! »

ATELIER Papier

Prêt(e) pour la grande aventure des créations en papier ?
Alors commence par confectionner une jolie petite boîte. Une règle, de la colle, quelques papiers de ton choix... et le tour est joué !
Au passage, tu découvriras un outil magique : le massicot !

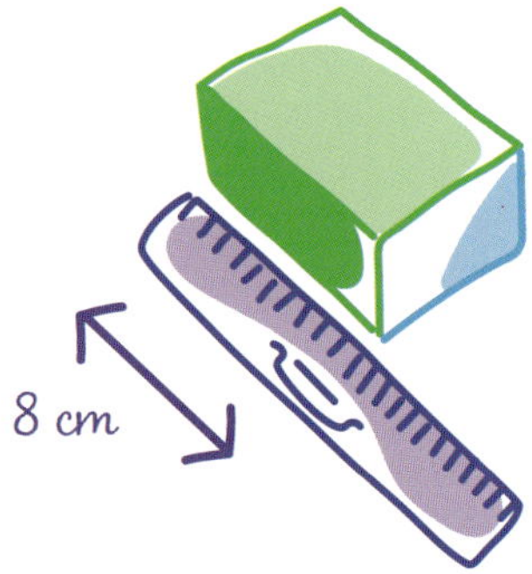

1 Mesure la longueur de la boîte d'allumettes. Dans notre exemple, elle mesure 8 cm.

Pause LEÇON | **Utilise un massicot**

2 Choisis un joli papier et découpe une bande de 8 cm à l'aide du massicot.

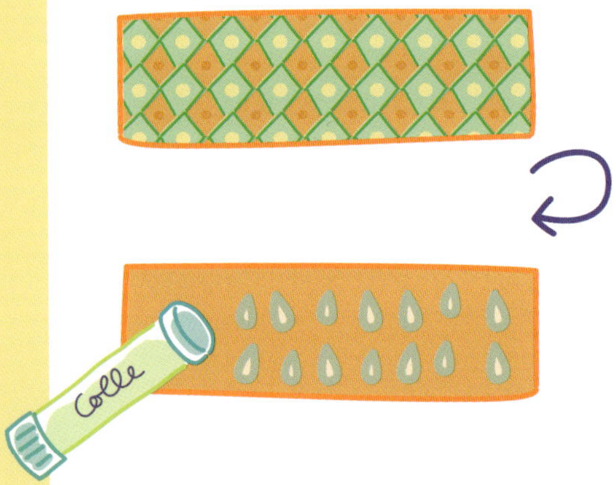

3 Encolle le dos du papier.

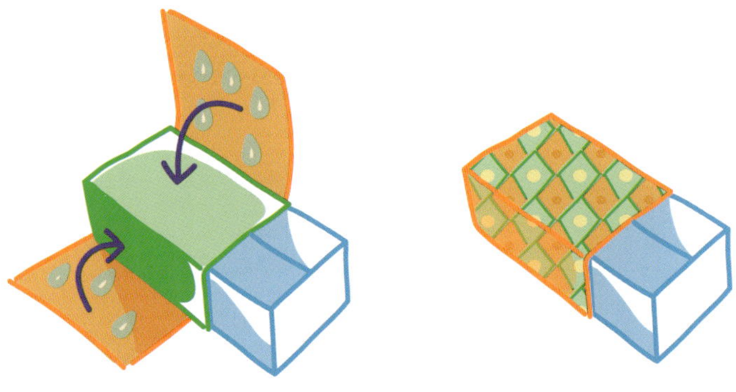

4 Colle la bande de papier tout autour de la boîte de manière à la recouvrir. Appuie bien fort avec ton doigt sur chaque pli.

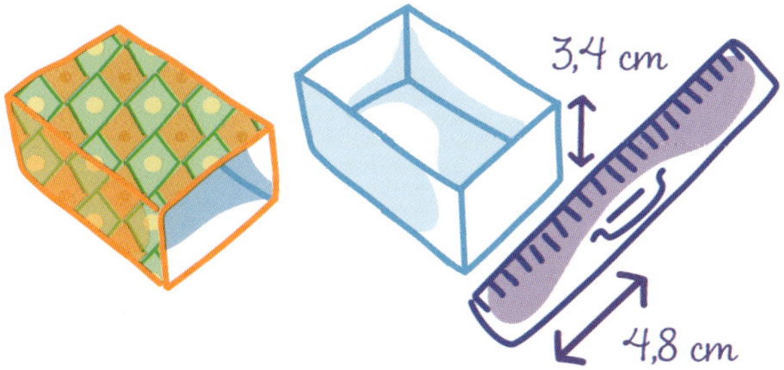

5 Sors la partie tiroir de la boîte d'allumettes et mesure ses petits côtés. Dans notre exemple, ils mesurent 4,8 x 3,4 cm.

6 Choisis un autre papier et découpe à l'aide du massicot deux rectangles correspondant aux mesures des petits côtés.

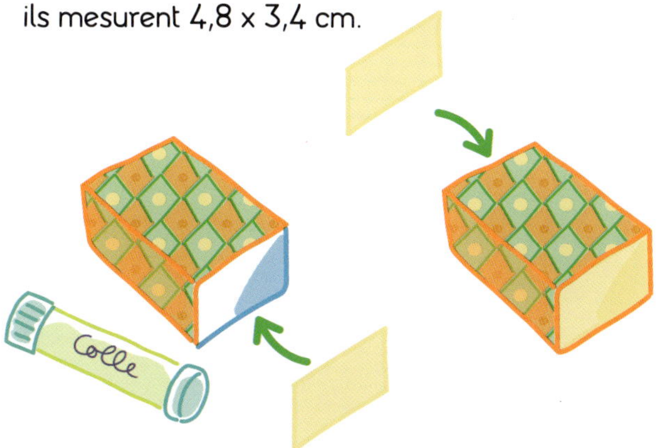

7 Replace le tiroir à l'intérieur de la boîte. Encolle le dos des deux rectangles en papier et colle-les sur les petits côtés de la boîte.

8 Écris « Boîte à bisous » avec des lettres adhésives sur le dessus de la boîte, à gauche.

9 Mets-toi du rouge à lèvres et dépose un bisou sur un papier blanc. Recommence l'opération pour créer d'autres bisous. Puis découpe-les en laissant un peu de blanc tout autour.

RAPPEL
Utilise une perforatrice

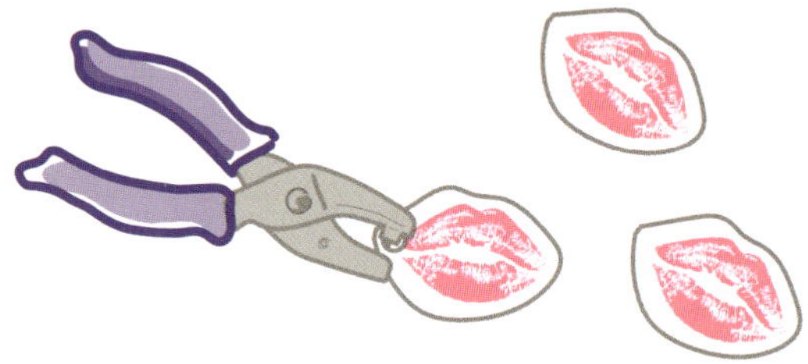

10 Fais un trou sur le côté d'un des bisous avec la perforatrice.

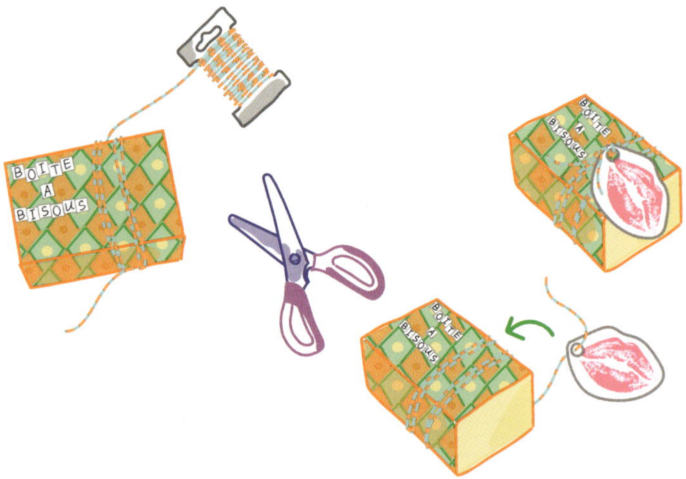

11 Enroule la ficelle plusieurs fois autour de la boîte en son milieu. Passe-la dans le trou d'un des bisous en papier et fais un double nœud pour le fixer.

12 Il ne te reste plus qu'à écrire de jolis mots au dos des autres bisous et à les mettre dans la boîte.

Pause LEÇON

Utilise un massicot

Le massicot est un outil très pratique qui permet de découper papiers et photos sans utiliser une règle et un cutter, plus dangereux à manipuler. Il permet également de mesurer précisément les dimensions des bandes, carrés ou rectangles de papier.

MATÉRIEL **Procure-toi un massicot, une règle et une feuille de papier.** ▶

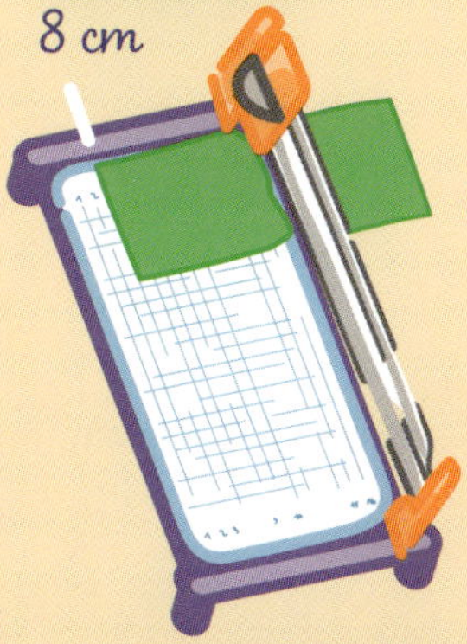

1 • Relève la partie avec la lame. Place ton papier contre le butoir en haut du massicot et positionne le bord gauche du papier à la dimension choisie (8 cm dans notre exemple).

Si cette dimension est supérieure à 10 cm, relève la règle incluse sur la partie gauche de la machine. Tu pourras ainsi mesurer jusqu'à 31 cm.

2 • Si, par exemple, tu souhaites découper 20 cm de papier, place ton papier contre le butoir et positionne son bord gauche à 20 cm. Baisse la lame et positionne sa poignée tout en haut du massicot.

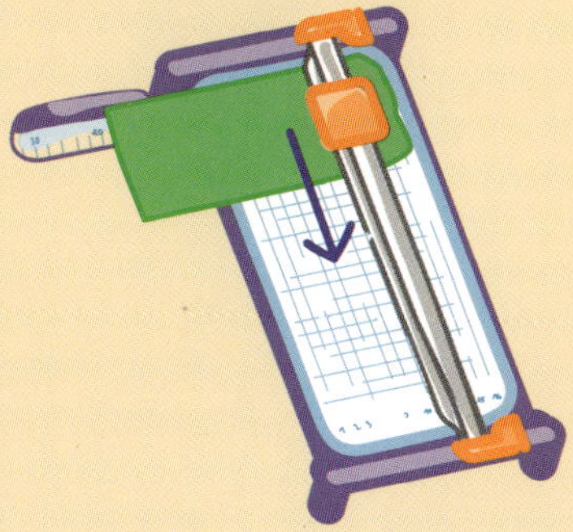

3 • Appuie sur la poignée et glisse-la de haut en bas pour découper. Attention : utilise le massicot avec précaution et ne place jamais ton doigt sous la lame de découpe, tu risquerais de te blesser !

4 • Voilà, ton papier est découpé bien droit, et il mesure bien 20 cm...
La découpe en zigzag ne sera plus qu'un mauvais souvenir !

Le marque-page **raton laveur**

DIFFICULTÉ

MATÉRIEL

Des papiers cartonnés unis de différentes couleurs (blanc, noir, orange clair, orange foncé)

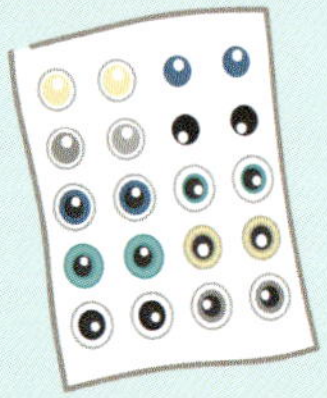

Des stickers « yeux »

Des carrés de mousse adhésifs double face

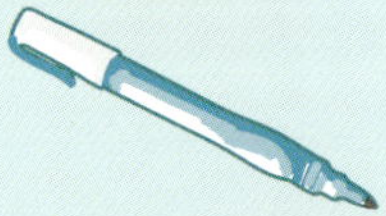

Un stylo-colle

Un crayon à papier

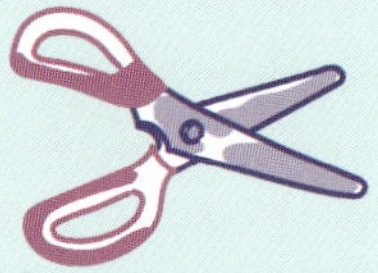

Des ciseaux à papier

Un bâton de colle

Les huit gabarits du marque-page

Aujourd'hui, exercices de grammaire ! La maîtresse passe dans les rangs et tombe en arrêt devant les marque-pages qu'Étienne a insérés dans son manuel. « Tu t'amuses à décorer ton livre de grammaire ? », lui demande-t-elle. « Pas du tout, répond Étienne, j'ai repéré toutes les leçons qui me servent à faire l'exercice. C'est le même principe que dans les livres des Petits Créas ! » La maîtresse écarquille les yeux : « Apporte-moi un de ces livres, ils ont l'air très astucieux... »

ATELIER Papier

Deviens un as du papier en apprenant à reporter des gabarits ! Choisis tes couleurs de papier, des stickers « yeux » malicieux, et fabrique un raton laveur pour t'accompagner dans toutes tes lectures.

1 Découpe les gabarits du marque-page.

2 Sur un papier blanc, reporte une fois le gabarit du visage avec oreilles, une fois celui du visage sans oreilles, et deux fois le gabarit de l'intérieur des oreilles.

3 Sur un papier noir, reporte une fois le gabarit des oreilles, le gabarit du nez et les deux gabarits du masque.

4 Découpe toutes les formes.

5 Colle les formes noires sur la forme blanche comme sur le dessin.

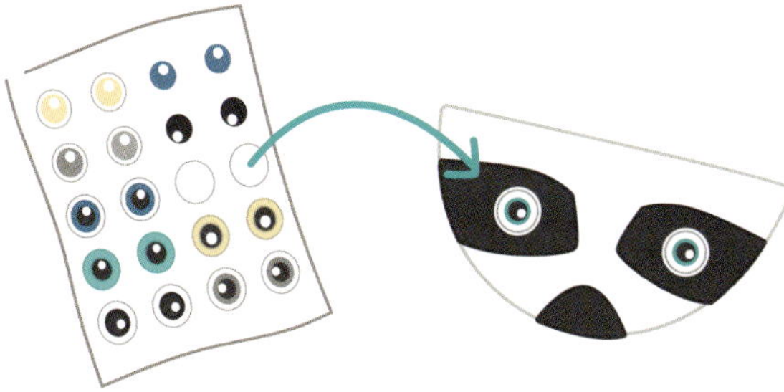

6 Décore le masque avec des stickers « yeux ».

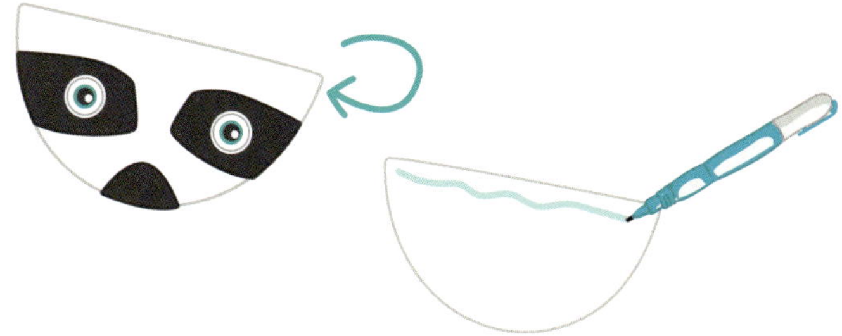

7 Retourne le visage et trace une ligne de colle avec ton stylo en haut de la forme.

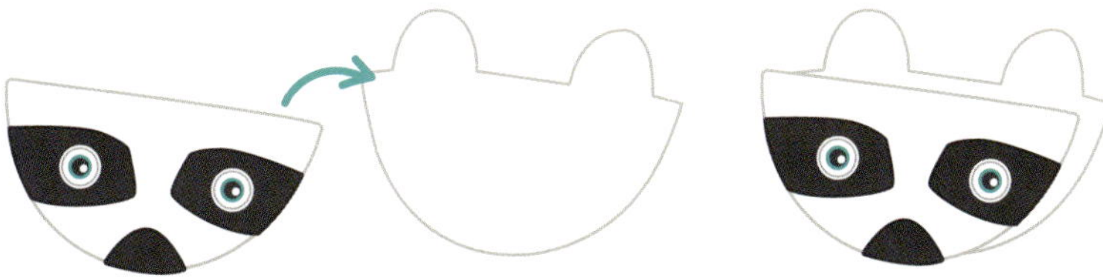

8 Colle le visage sur la forme blanche avec oreilles. Laisse sécher. L'espace que tu as laissé entre les deux formes permettra de glisser la page de ton livre !

9 Colle les formes blanches à l'intérieur des oreilles. Laisse sécher.

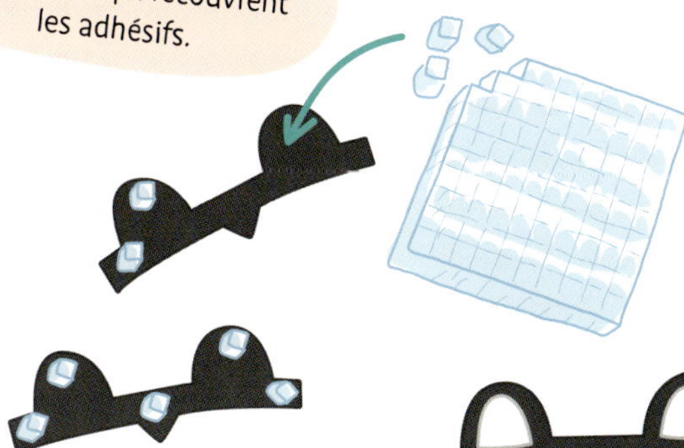

10 Retourne la forme avec oreilles et colle au dos des carrés de mousse adhésifs double face comme sur le dessin.

11 Colle la forme avec oreilles sur le visage de l'animal. Ton marque-page est terminé !

VARIANTE

Le marque-page renard

Une petite modification dans les étapes 1 et 2 du marque-page raton laveur donne naissance à un malicieux renard… Magique, non ?

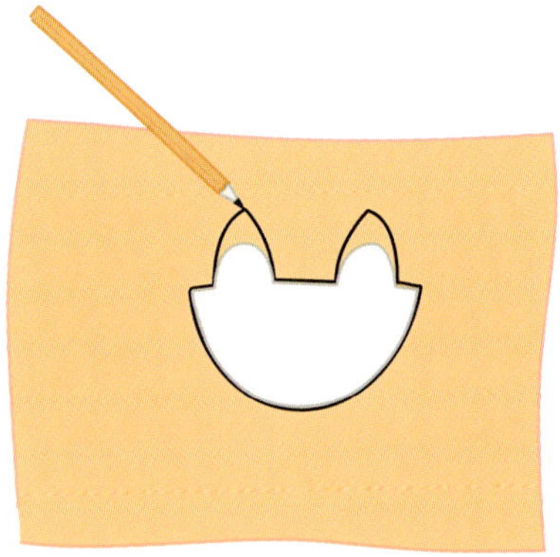

RAPPEL Reporte un gabarit

1 Reporte une fois le gabarit du visage avec oreilles sur un papier orange clair. Dessine deux pointes au niveau des oreilles au lieu de suivre l'arrondi du gabarit.

2 Prends les deux gabarits du masque et reporte-les sur un papier orange foncé. Dessine des zigzags sur le haut et le côté des formes au lieu de suivre les lignes du gabarit.

3 Sur un papier orange clair, reporte une fois le gabarit du visage.

4 Sur un papier blanc, reporte deux fois le gabarit de l'intérieur des oreilles et dessine-les en pointe.

5 Sur un papier noir, reporte une fois le gabarit du nez.

6 Découpe toutes les formes.

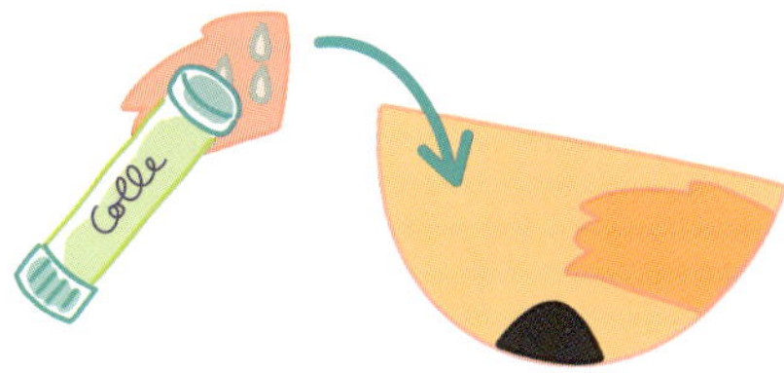

7 Colle les formes orange foncé et noir sur la forme orange clair comme sur le dessin.

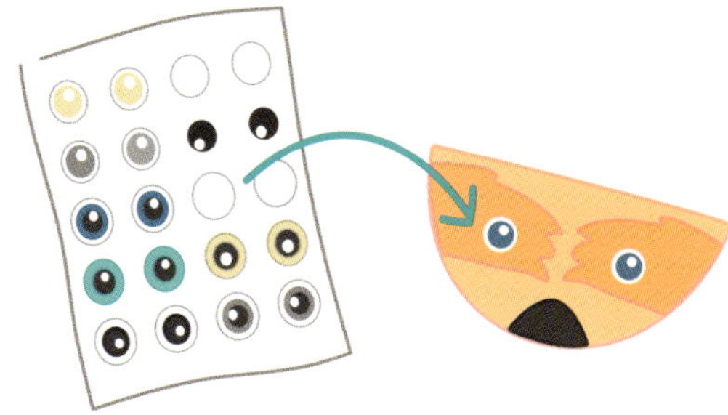

8 Décore le masque orange avec des stickers « yeux ».

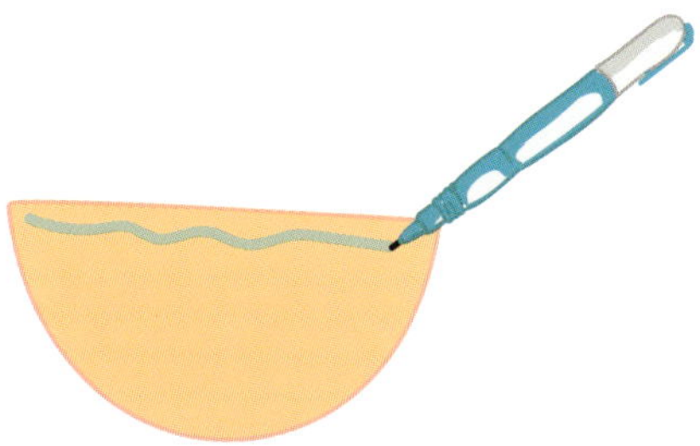

9 Retourne le visage et trace une ligne de colle avec ton stylo en haut de la forme.

10 Colle le visage sur la forme orange avec oreilles. Laisse sécher.

11 Colle les formes blanches à l'intérieur des oreilles. Laisse sécher.

Boîte à idées

Si tu souhaites créer un lapin masqué, dessine des oreilles plus longues à l'étape 1. Utilise du papier blanc à la place de l'orange clair et du papier gris pour remplacer l'orange foncé.

N'hésite pas à utiliser des papiers pailletés... Tu illumineras ainsi tes lectures !

Le photobooth masqué

DIFFICULTÉ

MATÉRIEL

Des papiers cartonnés bleu foncé, jaune et violet

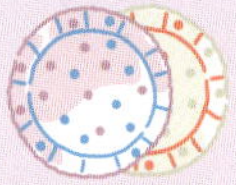
Des assiettes décoratives en carton petit format

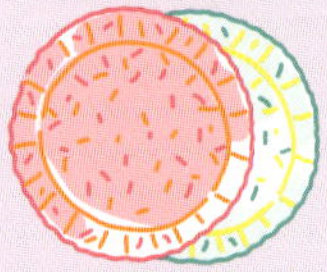
Des assiettes décoratives en carton grand format (en option)

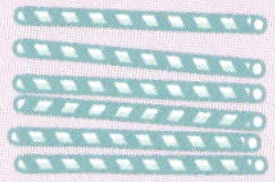
Des pailles en papier

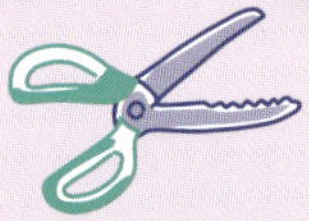
Des ciseaux cranteurs

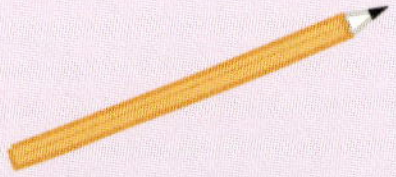
Un crayon à papier

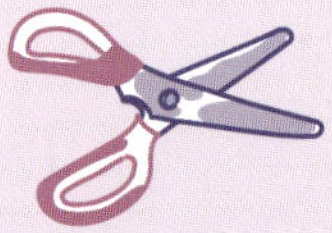
Des ciseaux à papier

Un tube de colle blanche

Un mini-pistolet à colle basse température

Un massicot

Une agrafeuse

Les deux gabarits du masque de loup

Des strass (en option)

Les Petits Créas ont imaginé un plan pour Mardi gras : se déguiser avec un talent tel que personne ne puisse les reconnaître ! Alors quoi de plus malin que de fabriquer des photobooth masqués ? Max a revêtu un collant et un tee-shirt noirs et porte un masque de chat. Lina a trouvé dans des vieux cartons une jolie robe de bal qu'elle a assortie à un masque de fête. Et Myrtille, de quel costume s'est-elle affublée ? Impossible de la reconnaître... Il faut dire qu'elle a un peu triché !

ATELIER Papier

Maintenant que tu sais reporter des gabarits et utiliser un massicot, tu es parfaitement capable de créer des masques en papier. C'est parti pour le bal masqué ! Tu en profiteras pour apprendre à te servir de ciseaux cranteurs.

RAPPEL
Utilise un massicot

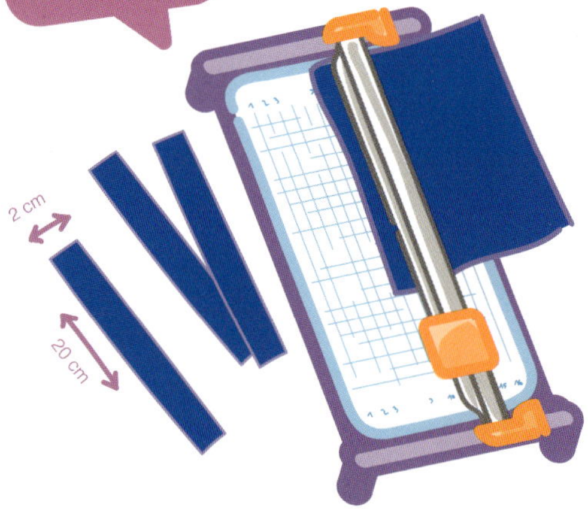

1 Avec le massicot, découpe une quinzaine de bandes de 2 x 20 cm dans le papier bleu.

Pause LEÇON
Découpe avec des ciseaux cranteurs

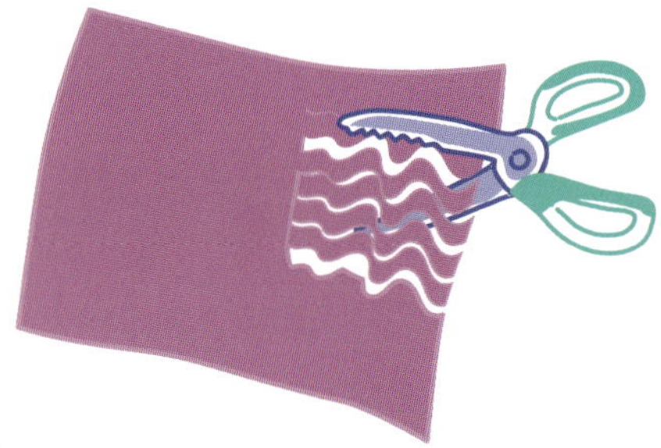

2 Découpe une quinzaine de bandes d'environ 10 cm dans le papier violet avec les ciseaux cranteurs.

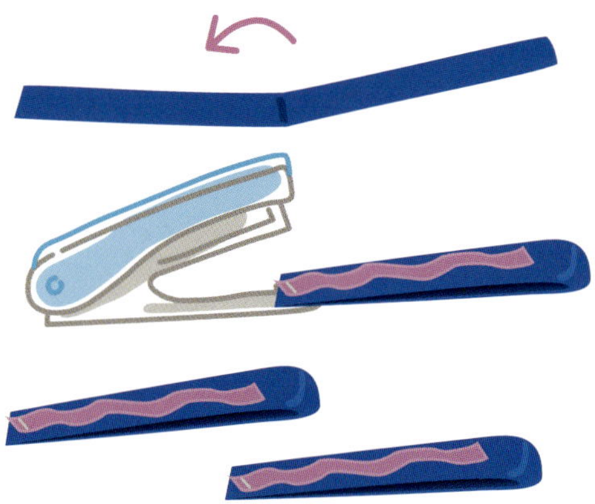

3 Replie une bande bleue sur elle-même, superposes-y une bande violette et agrafe-les ensemble. Répète cette opération avec chaque bande de papier.

4 Découpe les gabarits du masque de loup. Pose la partie « masque » sur une petite assiette et trace le repère des yeux.

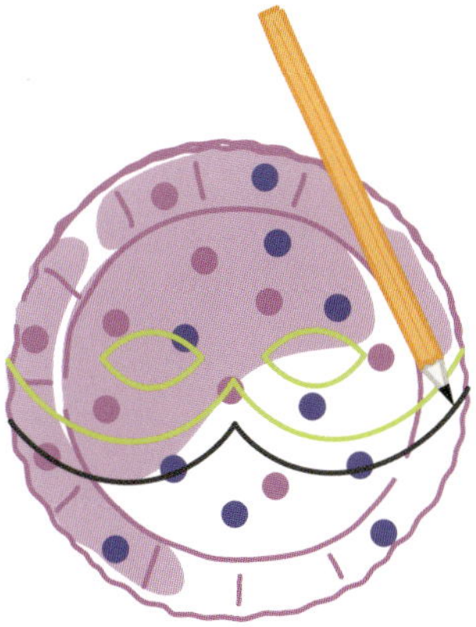

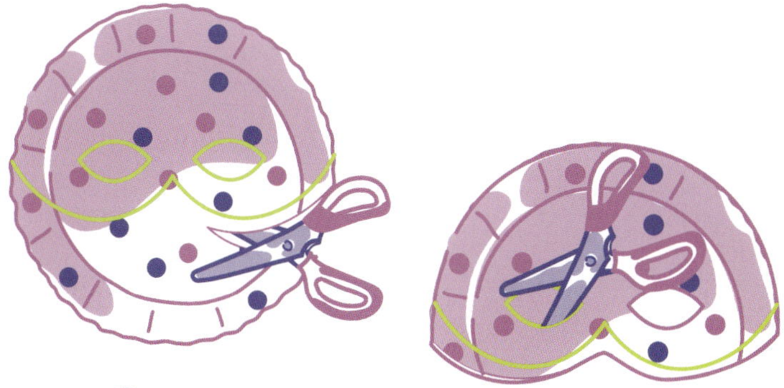

5 Dessine une courbe, environ 1 cm au-dessous du masque, en suivant sa forme.

6 Découpe l'assiette en suivant la courbe. Termine en découpant les yeux.

7 Reporte les gabarits du masque de loup sur des papiers de différentes couleurs. Découpe-les.

8 Colle les deux parties du masque de loup en superposant la partie haute sur la partie basse.

9 Colle le masque sur l'assiette. Laisse sécher.

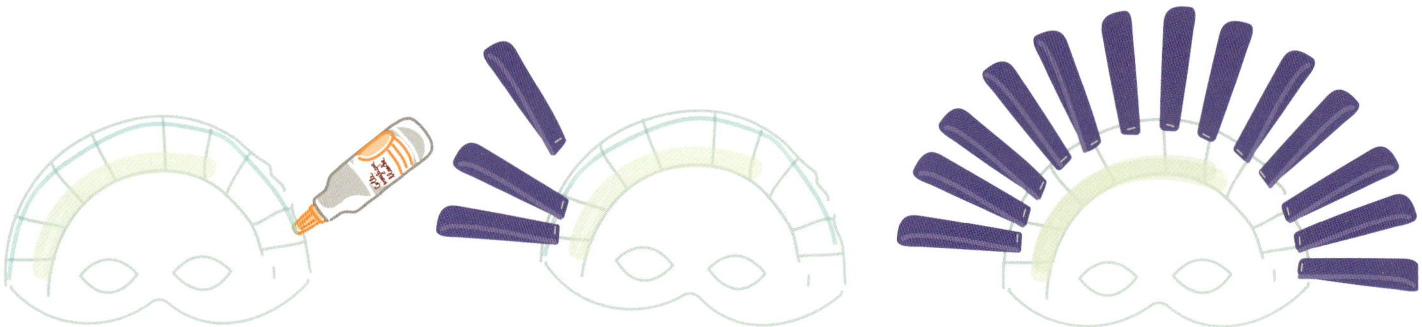

10 Retourne l'assiette et dépose une ligne de colle sur son contour.
Colle chaque bande de papier que tu as réalisée à l'étape 3. Laisse bien sécher.

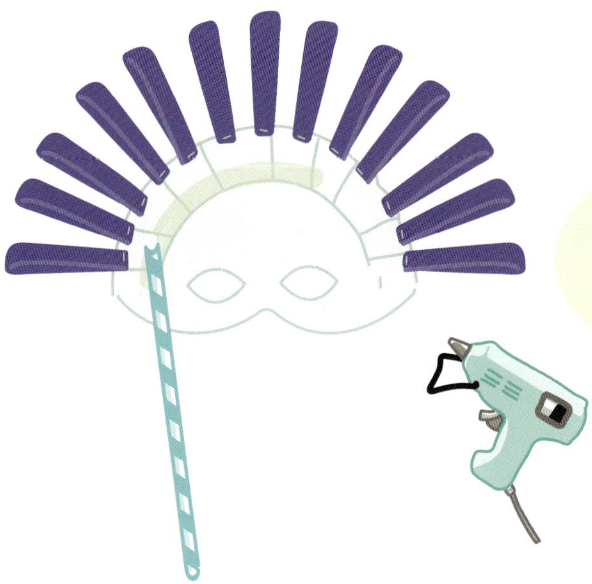

11 Colle une paille pour créer le manche de ton masque photobooth à l'aide d'un mini-pistolet à colle basse température. Laisse refroidir. Retourne ton masque et essaie-le !

Pause LEÇON

Découpe avec des ciseaux cranteurs

Les ciseaux cranteurs permettent d'obtenir de jolies bandes de papier avec des effets de découpe qui varient selon les motifs des ciseaux choisis : zigzag, vague, etc.

MATÉRIEL

Il te faut une paire de ciseaux cranteurs (ici, des crans en motif « vague ») et une feuille de papier.

1 • Place tes ciseaux cranteurs au bord de ton papier et appuie pour ne découper qu'au niveau des premiers crans. Pourquoi ? Car si tu observes bien ces ciseaux, tu constateras qu'ils ne sont pas crantés sur toute leur longueur ! Donc si tu appuies jusqu'au bout, ton motif « vague » ne fera plus de vagues !

2 • Sur ce dessin, les ciseaux sont placés à côté du motif pour que tu voies jusqu'où on a appuyé : à peu près aux trois quarts des crans des ciseaux.

3 • Replace tes ciseaux dans la « vague », en faisant attention de bien les remettre dans leurs « rails », et appuie à nouveau jusqu'aux trois quarts des crans pour continuer ton motif.

4 • Sur ce dessin, on a volontairement décalé les ciseaux afin que tu constates que le motif « vague » s'est interrompu pour faire deux bosses ! Tu as compris le principe ? Alors amuse-toi désormais à faire de jolies découpes de papier !

5 • Pour créer des frises, c'est très simple : il suffit de faire deux découpes similaires à quelques millimètres l'une de l'autre !

La carte pop-up

DIFFICULTÉ

MATÉRIEL

Une carte double (16 x 16 cm)

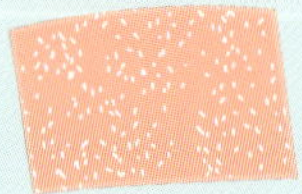
Des papiers cartonnés unis ou imprimés

Des formes de découpe *die-cuts*

Un alphabet adhésif

Un stylo-feutre

Une règle

Des ciseaux à papier

Un bâton de colle et un tube de colle blanche

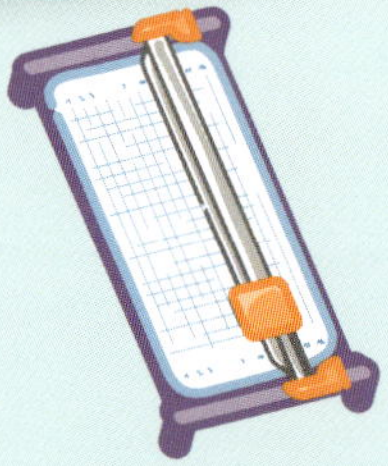
Un massicot

Dimanche, les Petits Créas ont prévu une journée portes ouvertes. Ils souhaitent présenter leurs dernières créations à tout leur entourage. « Et si on commençait par la carte d'invitation ? », propose Max. Étienne, plongé dans l'invention d'une nouvelle technique de découpage, lève à peine la tête. « On a déjà prévenu tout le monde, tu ne t'en souviens plus ? » Max hausse les épaules. Étienne n'a rien compris. En revanche, Lina s'est immédiatement mise à découper des cœurs... Quelle rêveuse, cette Lina !

ATELIER *Papier*

Quelle belle surprise de découvrir une carte en relief pop-up dans sa boîte aux lettres ! Alors, pour épater tes amis, choisis des formes de découpe à ton goût et crée toi-même tes invitations !

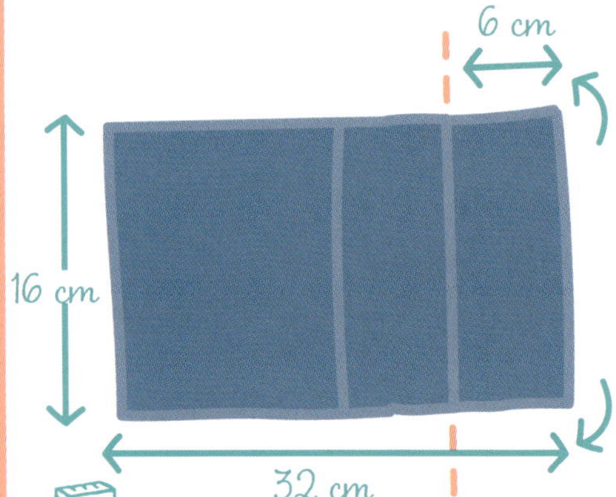

1 Ouvre la carte. Plie le côté droit sur une largeur de 6 cm en marquant le pli.

2 Rabat ensuite le côté gauche sur une largeur d'environ 8 cm en marquant le pli.

3 Reforme la carte double au niveau du pli central.

4 Entaille le pli de la carte avec les ciseaux pour créer trois languettes de quelques millimètres. Pour créer une entaille, donne deux coups de ciseaux à 2 mm de distance.

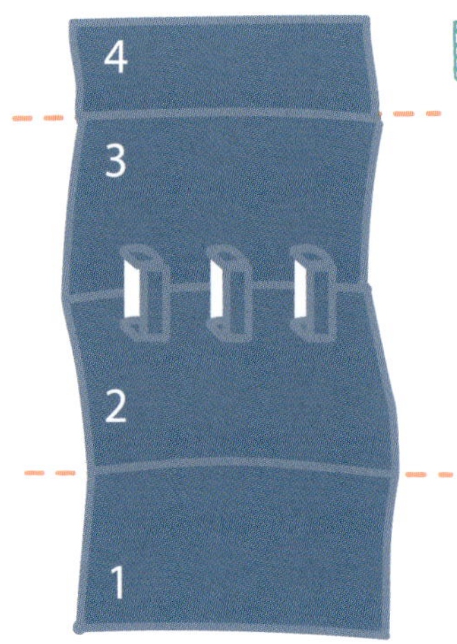

5 Déplie la carte et pousse du dessous les languettes vers le haut pour créer des petits chevalets. Tourne ta carte à 90 degrés.

6 Colle les formes de découpe sur chaque chevalet.

RAPPEL
Utilise un massicot

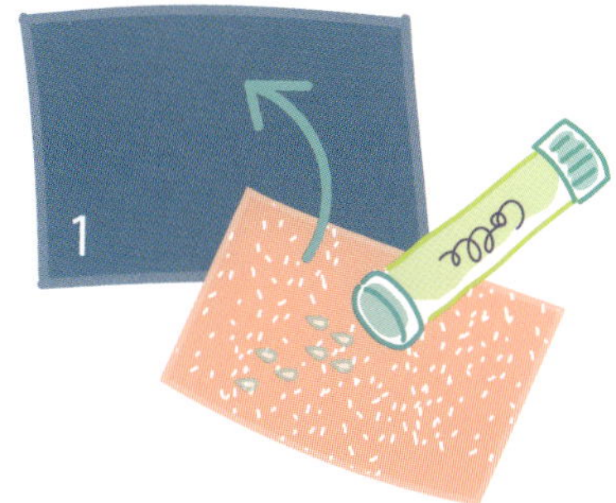

7 Pour créer une étiquette, découpe un rectangle de 4 x 8 cm dans un des papiers à l'aide du massicot. Découpe ensuite un morceau de papier blanc de 3 x 7 cm. Colle le papier blanc sur l'autre papier et écris ton message.

8 Mesure les dimensions du premier volet de la carte et découpe un rectangle de papier en réduisant ces dimensions de 1 cm. Par exemple, si le volet mesure 8 x 16 cm, découpe un papier de 7 x 15 cm. Enduis-le de colle sur l'envers.

Ajoute quelques embellissements dans le thème de ton invitation !

9 Colle ce papier sur la carte et colle ensuite l'étiquette.

10 Décore ta carte avec une jolie banderole ou une forme de découpe.

11 Utilise des lettres adhésives pour composer le mot que tu as choisi...

12 ... et complète avec des mots écrits à la main ! Bravo, ta carte pop-up est finie ! Fabrique plusieurs modèles pour inviter d'autres amis... Plus on est de fous, plus on rit !

La couronne de fleurs

DIFFICULTÉ

MATÉRIEL

Des papiers cartonnés unis

Une pochette de papiers origami (20 x 20 cm)

Une petite perforatrice à levier motif « fleur » (1,5 cm)

Une grande perforatrice à levier motif « fleur » (environ 6 cm)

Des embellissements et des petites fleurs en papier

Un ruban

Un crayon à papier

Des ciseaux à tissu

Des ciseaux à papier

Un tube de colle blanche

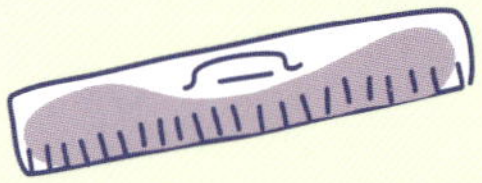

Une règle ou un mètre ruban

Myrtille fait la tête. Elle n'a pas levé les yeux de sa BD depuis une heure. Elle n'aime pas faire des fleurs en papier et encore moins des couronnes : elle trouve que c'est une activité « gnangnan »... Max aimerait bien que Myrtille les rejoigne, alors il se creuse la tête : qu'est-ce qui pourrait faire plaisir à cette tête de mule ?
Il s'isole quelques minutes et s'approche de son amie, une fleur à main. Devine à quoi ressemble cette fleur ? Myrtille éclate de rire !

Pause LEÇON

Crée une fleur

MATÉRIEL

Pour cela, il te faut : une pochette de papiers origami (20 x 20 cm), des petites fleurs en papier, des embellissements, le gabarit du rond, un tube de colle blanche, un crayon à papier, des ciseaux à papier et une brochette en bois. ▶

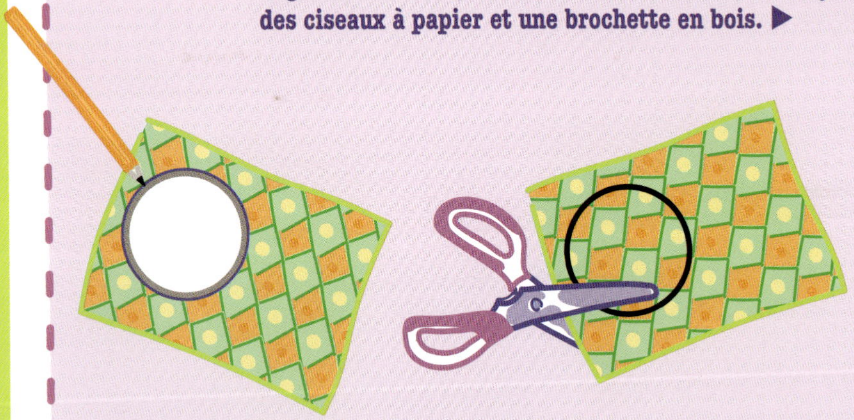

1 • Reporte au crayon le gabarit du rond sur un papier origami et découpe-le.

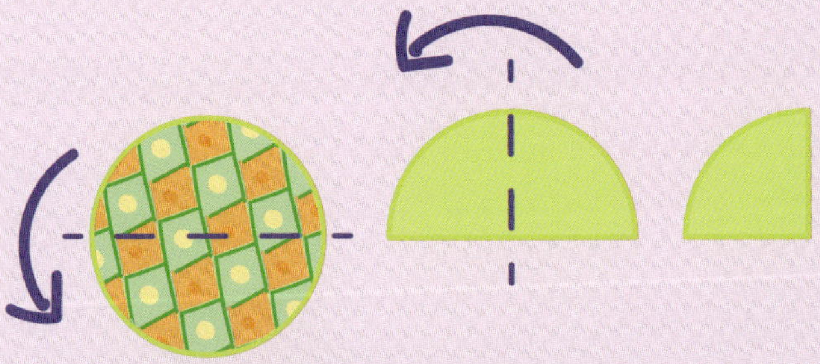

2 • Plie le rond en deux une première fois... puis une deuxième fois.

3 • Plie-le une dernière fois en deux.

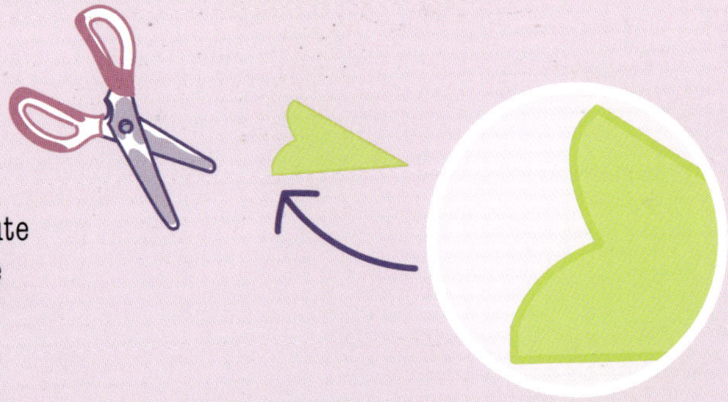

4 • Découpe la partie haute de ton pliage en formant un cœur.

5 • Déplie ton papier et tu découvriras une jolie fleur !

en origami

Avant de te lancer dans la réalisation d'une couronne, apprends à fabriquer une fleur grâce à la technique de pliage en origami !

6 • Découpe un autre rond de papier et recommence les étapes de 1 à 3.

7 • Découpe la partie haute de ton pliage en formant un pétale.

8 • Déplie ton papier et tu découvriras une autre jolie fleur !
Tu peux imaginer d'autres formes de découpe et créer ainsi toutes sortes de fleurs.

9 • Dépose un point de colle au dos du centre de la fleur.

10 • Colle cette fleur sur une autre pour créer une fleur en relief. Décore éventuellement son cœur en collant une petite fleur en papier.

11 • Ajoute des embellissements (strass, petit bouton, perle de pluie ou petite fleur en plastique...). Colle-les et laisse sécher.

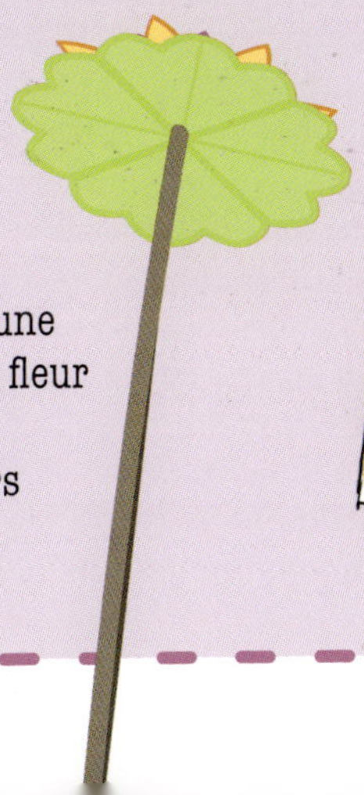

12 • Pour créer un bouquet : mets une brochette dans un bocal et colle la fleur à l'extrémité de la tige ; laisse sécher puis fabrique d'autres fleurs en recommençant l'ensemble des opérations !

ATELIER Papier

Il y a plusieurs solutions pour fabriquer les fleurs d'une couronne : plier en origami ou perforer des motifs de fleurs. Ensuite, libre à toi de les assembler en mélangeant les tailles et les types de papiers.

1 Place le bord d'une des feuilles de papier dans la fente de la grande perforatrice « fleur » et appuie sur le levier. Perfore plusieurs fleurs dans différentes couleurs de papier.

2 Perfore les mêmes papiers avec la petite perforatrice « fleur ».

Pause LEÇON : Crée une fleur en origami

3 Plie légèrement les pétales des grandes fleurs pour leur donner du relief.

4 Crée plusieurs fleurs en origami.

5 Fabrique différentes sortes de fleurs : colle des petites fleurs perforées au centre des grandes et des grandes fleurs perforées sur tes fleurs en origami, etc.

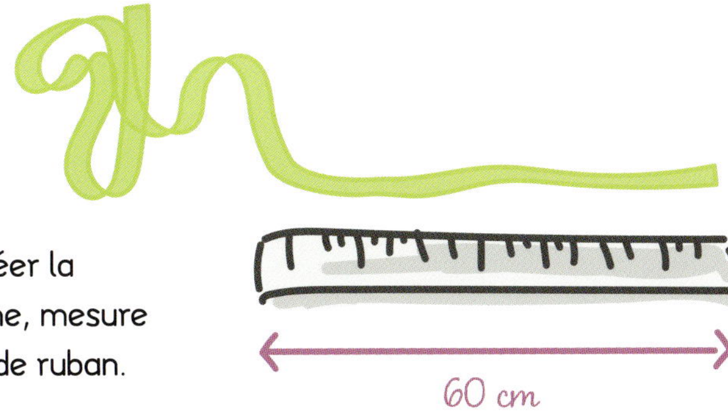

6 Pour créer la couronne, mesure 60 cm de ruban.

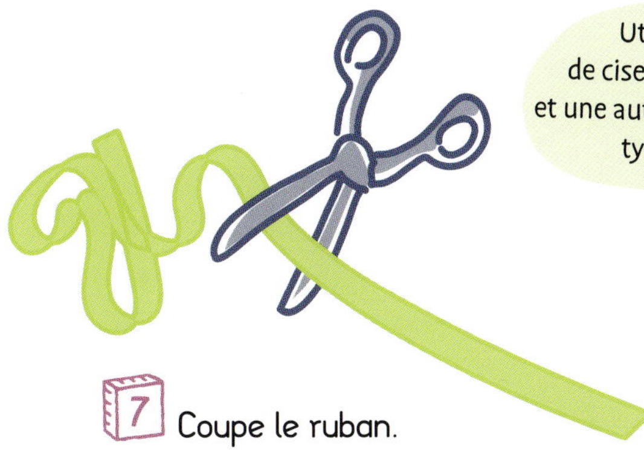

7 Coupe le ruban.

8 Pose un point de colle au centre du ruban.

9 Colle une fleur, puis répartis les autres de chaque côté de la première fleur en les collant une à une. Laisse sécher.

Le tableau sourire

DIFFICULTÉ

MATÉRIEL

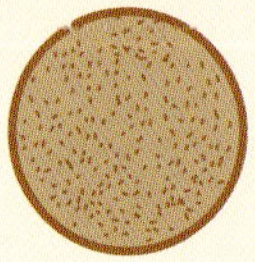
Un rond en liège (20 cm)

Un lot de tampons Smiley® et son encreur noir

Du papier cartonné jaune

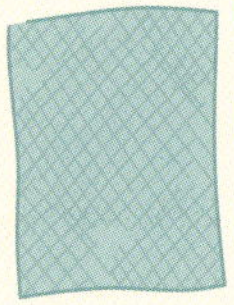
Du papier scrapbooking cartonné bleu (30,5 x 30,5)

Un mini-alphabet en bois

Un cadre en bois polaroid

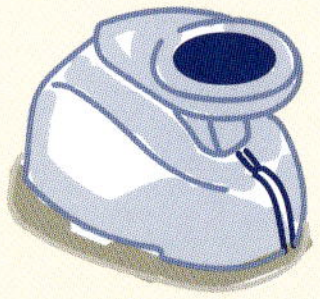
Une perforatrice à levier motif « rond » (2,5 cm)

Un crayon à papier

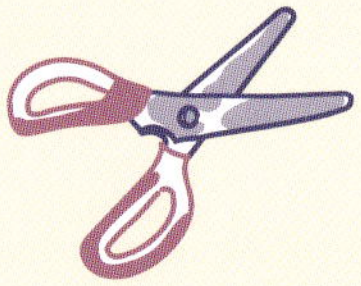
Des ciseaux à papier

Un tube de colle blanche

Des punaises

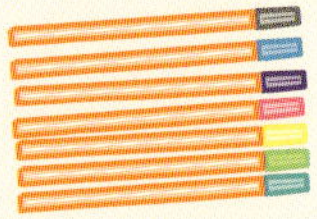
Des feutres ou des crayons de couleur (en option)

Myrtille est vraiment lunatique ! Elle est parfois d'une humeur massacrante... En grande cérémonie, les Petits Créas lui offrent un tableau sourire : « Chaque matin, tu afficheras ton humeur du jour. Ainsi, nous saurons s'il faut ou non te prendre avec des pincettes ! » Le lendemain, Myrtille arrive avec quatre pinces à linge qu'elle s'empresse de distribuer à ses amis. « C'est encore plus simple que d'épingler mon humeur sur un tableau ! », s'esclaffe-t-elle.

ATELIER Papier

Aujourd'hui, atelier smileys ! Pour confectionner un tableau d'humeur, perfore et tamponne des ronds. Un jeu d'enfant qui te permettra de communiquer avec humour avec tout ton entourage !

RAPPEL
Utilise une perforatrice

1. Place le bord de ton papier jaune dans la fente de la perforatrice et appuie sur le levier. Perfore autant de ronds que tu souhaites afficher d'humeurs.

2. Choisis un premier tampon Smiley®. Enduis-le d'encre noire et tamponne son motif sur un rond jaune. Recommence avec les autres motifs de smileys que tu souhaites afficher : joie, malice, colère, peur, etc.

3. Retourne tous tes ronds et dépose une goutte de colle blanche sur chacun d'entre eux. Poses-y le dos d'une punaise, pointe vers le haut, et laisse sécher pendant 15 minutes.

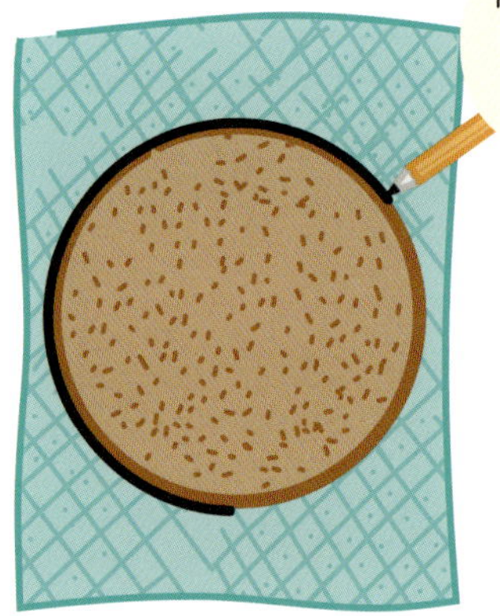

4. Pendant ce temps, pose ton rond en liège sur l'envers de ton papier bleu et dessine son contour avec un crayon.

Choisis un papier uni pour que ton texte et tes smileys ressortent bien. Il en existe des « texturés » qui apportent un joli effet.

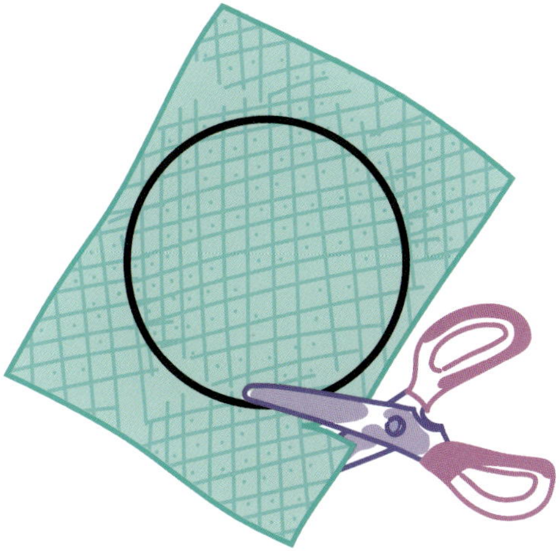

5 Découpe le rond de papier.

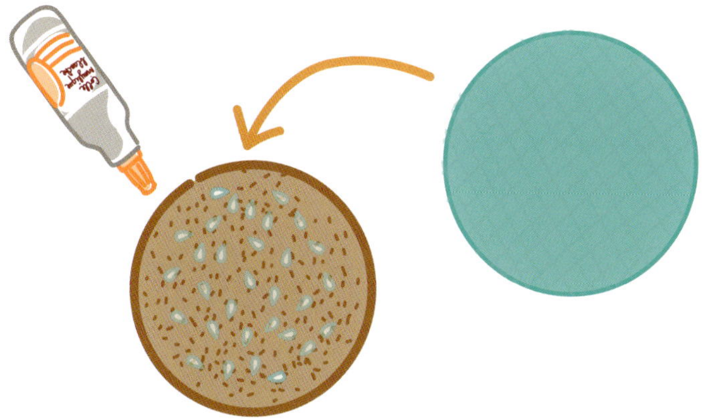

6 Enduis ton rond en liège de colle blanche et pose dessus ton rond de papier sur son endroit. Laisse sécher.

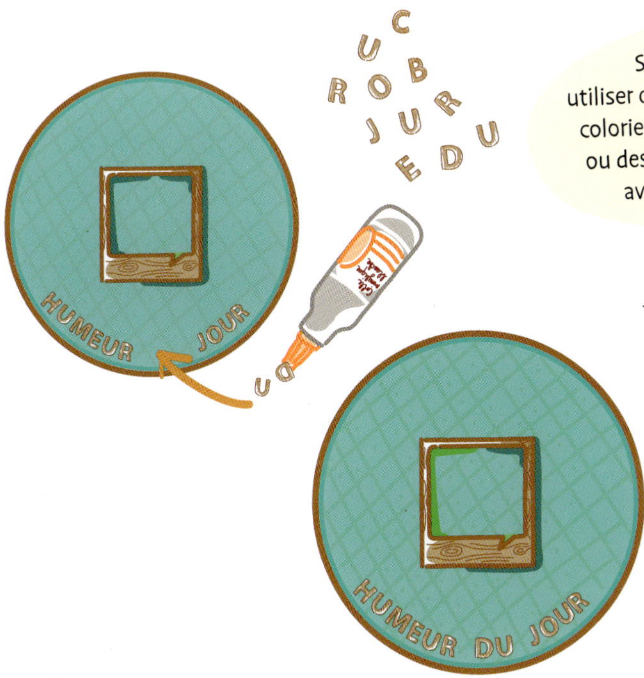

7 Positionne ton cadre polaroid au centre et tes lettres en bois en dessous afin de former le texte « Humeur du jour ». Une fois que tu as repéré les bons emplacements, colle chaque élément.

8 Punaise le smiley de ton humeur du jour au centre du polaroid et les autres smileys tout autour du tableau. Tu pourras ainsi changer de smiley tous les jours !

L'attrape-rêves

DIFFICULTÉ

MATÉRIEL

Deux feuilles de papier scrapbooking cartonné blanc (30,5 x 30,5 cm)

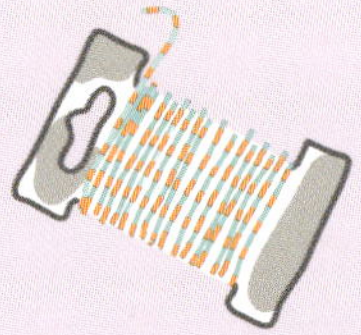

Une bobine de ficelle bicolore

Un sachet de plumes colorées (une douzaine)

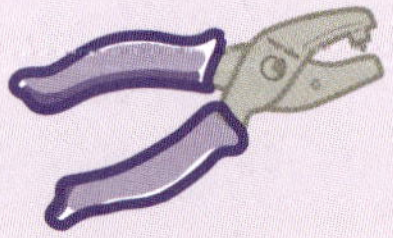

Une perforatrice pince motif « rond » (3 ou 6 mm)

Des crayons de couleur

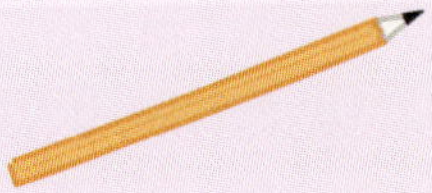

Un crayon à papier (ou un feutre fin)

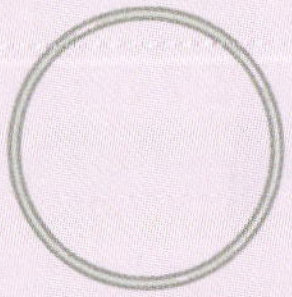

Un anneau métallique (20 cm de diamètre)

Des ciseaux à papier

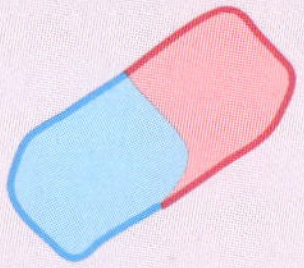

Une gomme

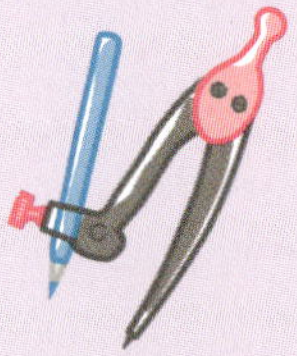

Un compas

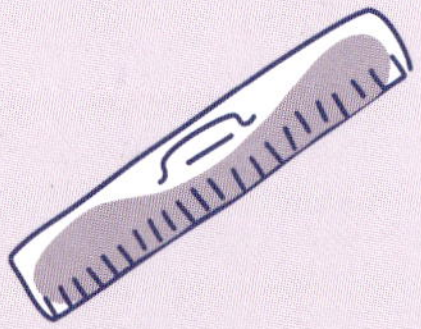

Une règle

Un tube de colle blanche

Un massicot

Que mijotent les Petits Créas avec leurs plumes multicolores qui dépassent de leurs poches ? Pensent-ils organiser un spectacle sioux pendant la fête de l'école ? Ou ont-ils prévu de courir dans les couloirs, déguisés en Indiens, le jour de Mardi gras ? Eh bien, ni l'un ni l'autre ! Les Petits Créas ont récolté des plumes parce qu'ils sont parfois sorciers. En fait, ils s'apprêtent à fabriquer un attrape-rêves, un drôle d'objet inventé par d'anciennes tribus, qui permet de repousser les cauchemars...

ATELIER Papier

Il est temps d'apprendre à dessiner des rosaces ! Pour cela, il te faut un compas, une règle et un crayon. Ensuite, libre à toi d'utiliser les couleurs de ton choix en inventant tes propres harmonies. Une activité dont tu ne pourras plus te passer ! Pour t'initier à cette technique, fabrique un magnifique attrape-rêves.

Pause LEÇON — Dessine une rosace

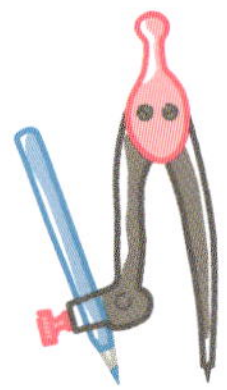

1. Dessine et colorie une double rosace de 20 cm de diamètre. Commence par colorier les pointes en utilisant une seule couleur.

2. Continue à colorier avec la seconde couleur, en débordant un peu sur la première.

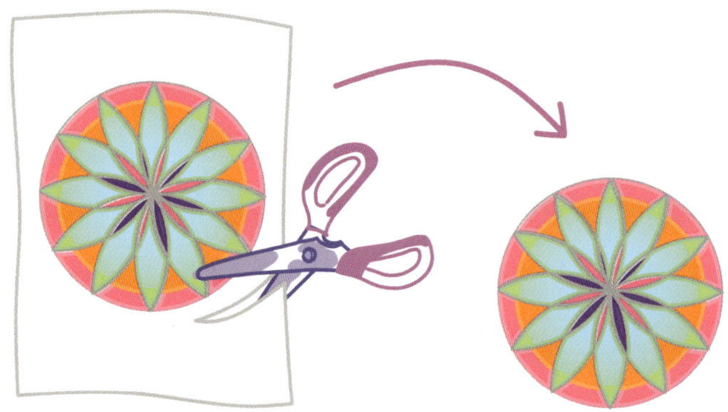

3. Termine le coloriage en réalisant d'autres dégradés ou en coloriant des zones unies.

4. Découpe le contour de la rosace.

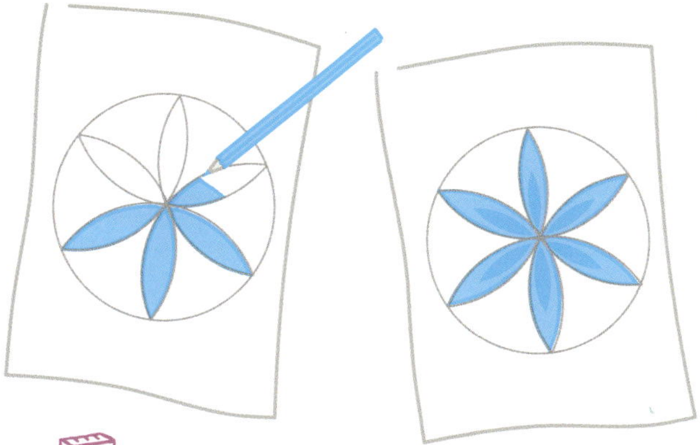

5 Pour créer les plumes, dessine une rosace simple et colorie les six pétales.

6 Découpe chaque pétale et colorie leur dos en utilisant deux autres couleurs.

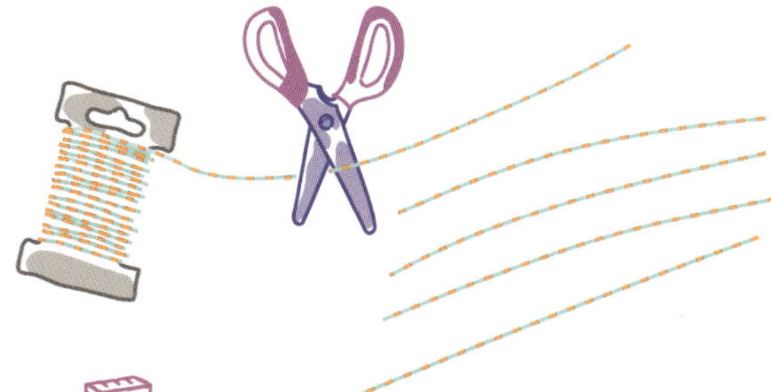

7 Entaille les pétales à plusieurs endroits pour qu'ils ressemblent à des plumes.

8 Fais des trous au sommet de chaque pétale avec la perforatrice.

9 Coupe plusieurs morceaux de ficelle (une petite vingtaine) de différentes longueurs.

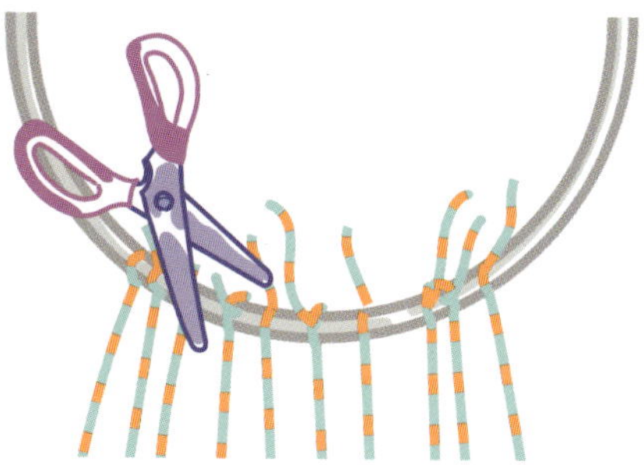

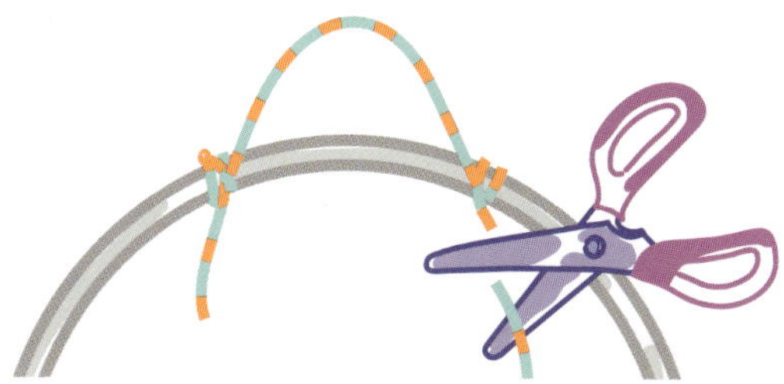

10 Noue chaque ficelle sur la partie basse de l'anneau (deux à trois nœuds sont nécessaires à chaque fois). Coupe chaque bout de ficelle qui dépasse.

11 Coupe une petite longueur de ficelle et noue-la en haut de l'anneau en laissant un écart d'environ 5 cm entre les deux nœuds. Coupe les deux bouts de ficelle qui dépassent.

12 Noue les plumes de papier à l'extrémité des ficelles, puis les « vraies » plumes sur les ficelles restantes.

13 Dépose de la colle blanche sur le pourtour de l'anneau en métal et colle ta rosace.

Pause LEÇON

Dessine

MATÉRIEL

Procure-toi une feuille de papier (30,5 x 30,5 cm), un compas, un crayon à papier (ou un feutre fin) et une règle. ▶

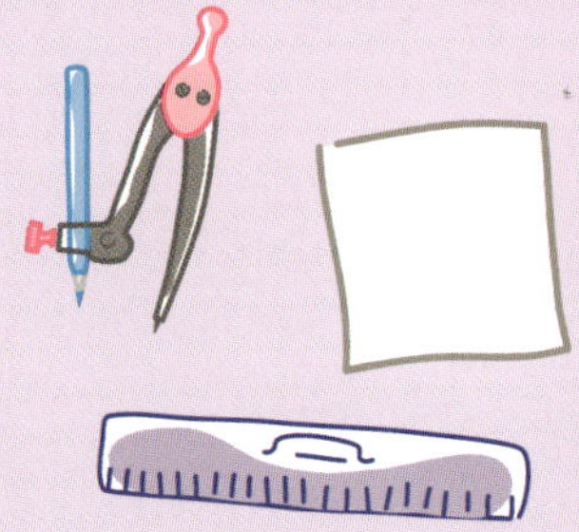

1 • Pour créer une rosace simple de 20 cm de diamètre, mesure avec ton compas un écart de 10 cm.

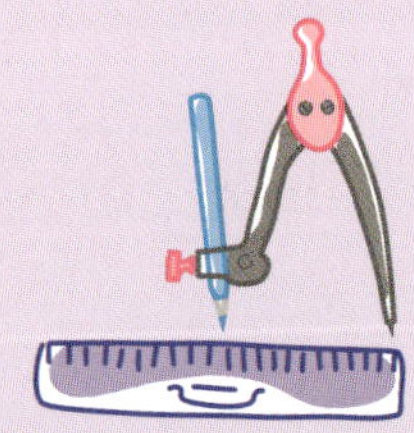

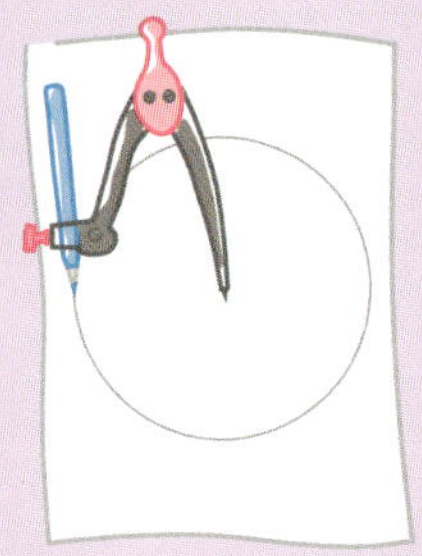

2 • Pose la pointe de ton compas au centre de la feuille et trace un cercle de 20 cm de diamètre.

3 • Pose la pointe de ton compas n'importe où sur le cercle et trace un arc de cercle. On nommera A et B les deux points où l'arc de cercle rencontre le cercle.

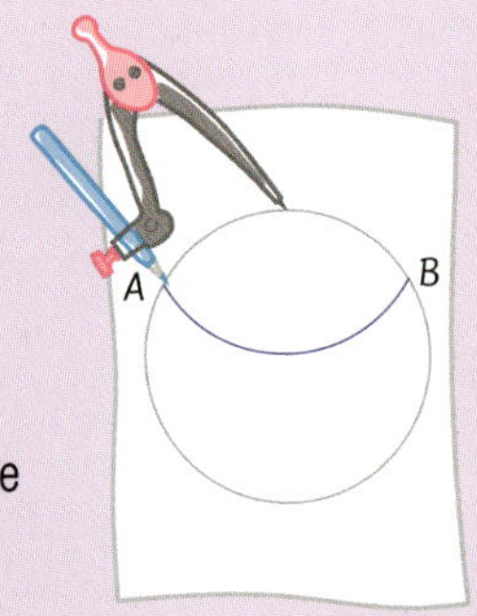

une rosace

Apprends d'abord à tracer une rosace simple. La technique est ensuite la même pour dessiner une double rosace : il suffit d'en créer une deuxième en la décalant de la première.

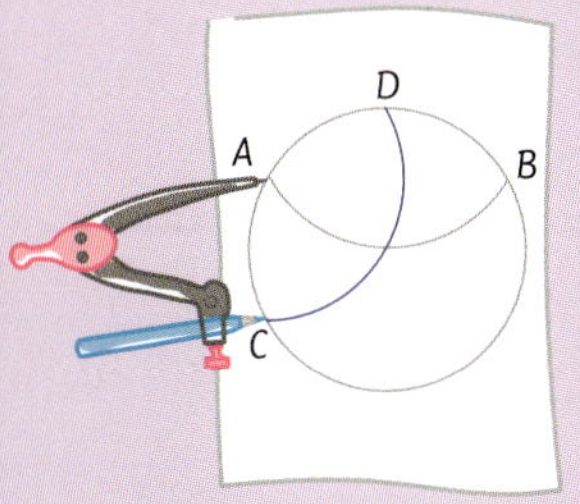

4 • Pose la pointe de ton compas sur le point A et trace un deuxième arc de cercle. On nommera C et D les deux points où le deuxième arc de cercle rencontre le cercle.

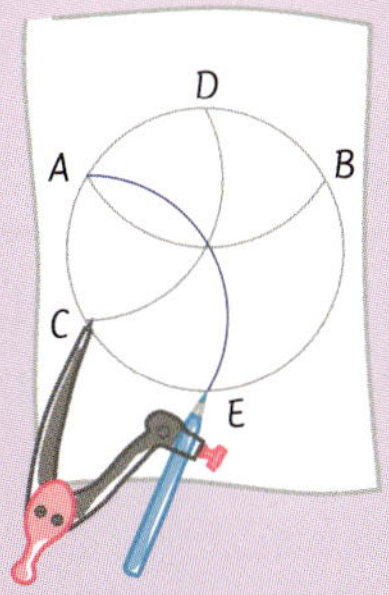

5 • Pose la pointe de ton compas sur le point C et trace un troisième arc de cercle en partant du point A. On nommera E le point où ce troisième arc de cercle rencontre le cercle.

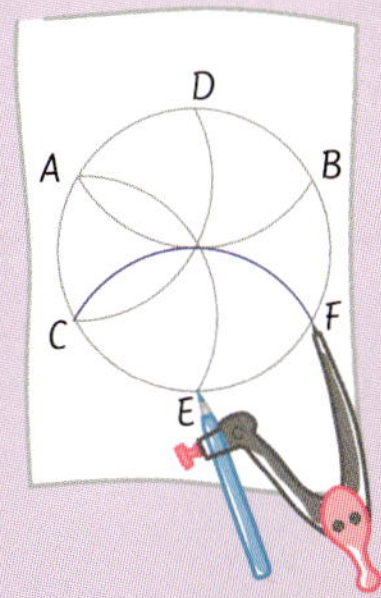

6 • Pose la pointe de ton compas sur le point E et trace un quatrième arc de cercle en partant du point C. On nommera F le point où ce quatrième arc de cercle rencontre le cercle.

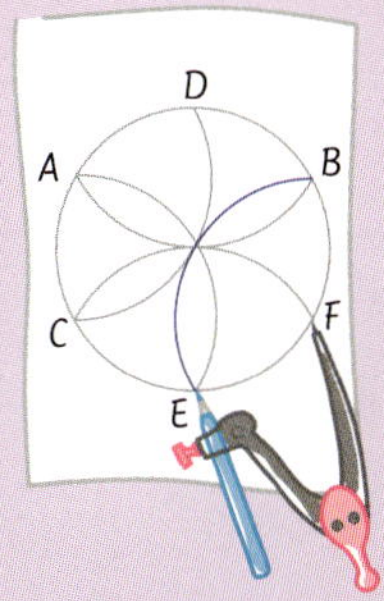

7 • Pose la pointe de ton compas sur le point F et trace un cinquième arc de cercle en partant du point E jusqu'au point B.

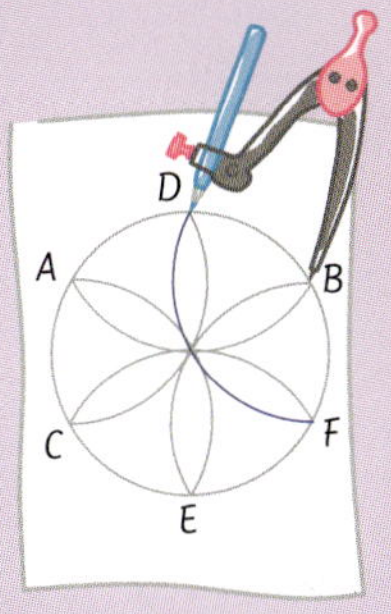

8 • Termine ta rosace simple en posant la pointe de ton compas sur le point B et trace un sixième arc de cercle en partant du point D jusqu'au point F.

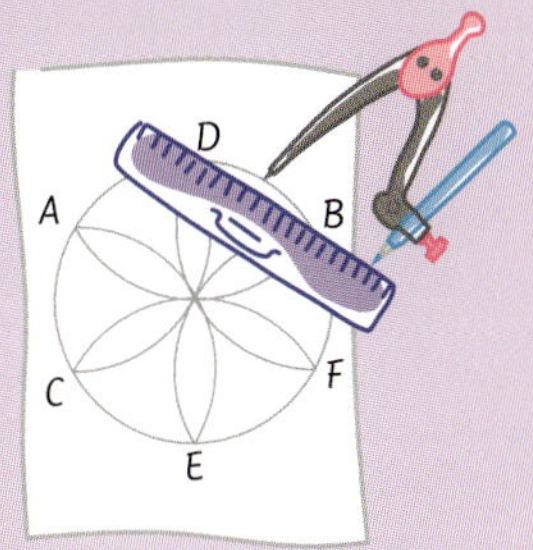

9 • Pour créer une double rosace, pose la pointe de ton compas au milieu des points D et B et trace un premier arc de cercle.
Pour bien calculer le milieu entre D et B, mesure avec ton compas un écart de 5 cm à l'aide de la règle.

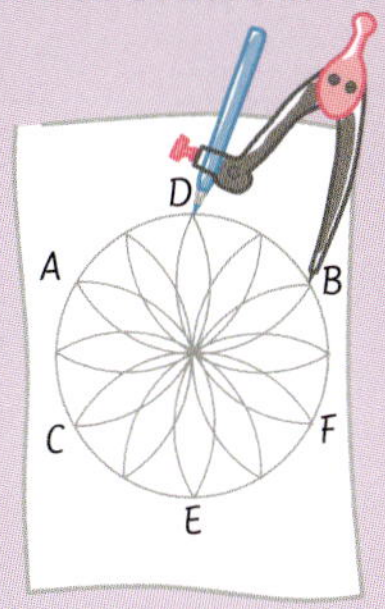

10 • Répète toutes les actions de la rosace simple comme expliqué précédemment.

Les boîtes surprises

DIFFICULTÉ

MATÉRIEL

Trois feuilles de papier cartonné de différentes nuances de vert

Deux boîtes rondes en bois (7 x 3,5 cm)

Des petites fleurs en papier

Des *masking tapes* de différentes largeurs

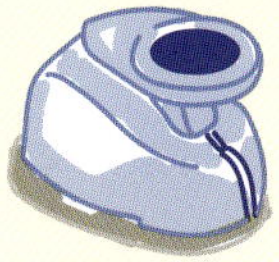

Une grande perforatrice à levier motif « rond » (6 cm) ou le gabarit du rond

Un crayon à papier

Des ciseaux à papier

Un tube de colle blanche

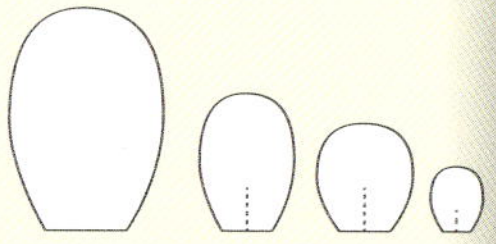

Les quatre gabarits du cactus « Figuier de Barbarie »

Max est un excellent bricoleur mais il n'a pas la main verte. Ses parents lui ont demandé de prendre soin de ses plantes et de les arroser régulièrement. Quel désastre, ce matin il a encore retrouvé l'une d'entre elles toute rabougrie ! Max a une idée : organiser un atelier « boîtes végétales » et en offrir à ses parents. C'est parti ! Les Petits Créas fabriquent des cactus, des succulentes, des aloès... et remplissent chaque boîte de délicieuses friandises. Espérons qu'ainsi Max ne se fasse pas gronder !

Pause
LEÇON

Crée une plante en trois dimensions

Avant de fabriquer des boîtes végétales, apprends à créer une plante en trois dimensions. Pour cela, plie, colle et assemble de simples ronds de papier !

MATÉRIEL

Procure-toi trois feuilles de papier de différentes nuances de vert, une petite fleur en papier, un tube de colle blanche, des ciseaux à papier et un crayon à papier.

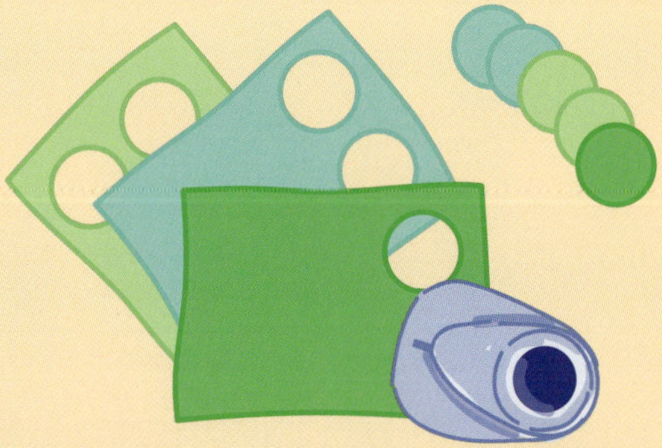

1 • Perfore six ronds de différentes couleurs de vert en plaçant le bord de tes papiers dans la fente de la perforatrice et en appuyant sur le levier.

2 • Plie chaque rond en deux.

3 • Encolle un premier demi-rond.

4 • Pose dessus un deuxième demi-rond d'un autre vert.

5 • Encolle un troisième demi-rond d'un autre vert. Colle-le sur les deux premiers. Laisse sécher quelques instants.

6 • Déplie les trois demi-ronds encollés les uns aux autres et pose-les sur leur base. Tu as créé une moitié de ton cactus.

7 • Pour créer l'autre moitié de ton cactus, recommence les étapes 1 à 5 avec les trois demi-ronds restants.

8 • Dépose de la colle sur la base des deux demi-cactus.

9 • Assemble et colle les deux parties du cactus. Laisse sécher.

10 • Aplatis le cactus.

11 • Découpe le bas du cactus en ligne droite pour en former la base et le poser facilement une fois déplié.

12 • Déplie le cactus et colle une jolie fleur en son sommet. Laisse sécher.

ATELIER Papier

Te voilà l'as de la plante en 3D ! Décore maintenant une petite boîte en bois, fixe une plante, cache une jolie surprise à l'intérieur et offre-la à une personne que tu aimes !

1 Déroule et colle du *masking tape* tout autour d'une boîte en bois (base ou couvercle, comme tu préfères). Coupe le bout avec des ciseaux.

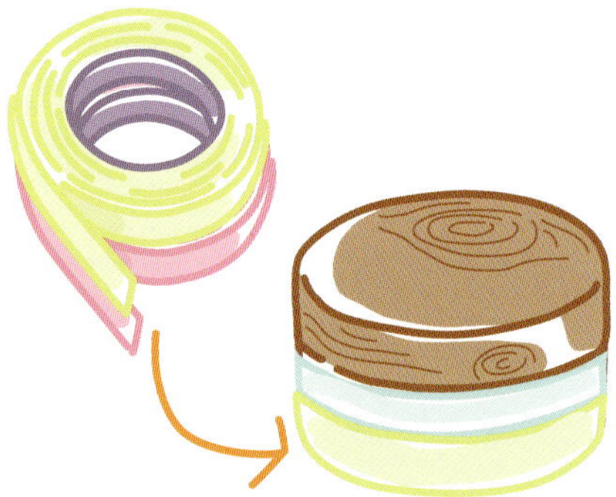

2 Déroule et colle un autre *masking tape* autour de la boîte.

3 Pour décorer le couvercle, tu peux perforer un rond de papier et le coller.

Pause LEÇON | **Crée une plante en trois dimensions**

4 Crée un cactus avec six ronds de papier comme expliqué dans la leçon.

5 Encolle la base de ton cactus en déposant de la colle sur chaque arête.

6 Colle ton cactus sur le couvercle de la boîte et colle une jolie fleur en son sommet. Laisse sécher.

Une première jolie boîte surprise végétale est prête !

Découvre une autre idée de plante : le figuier de Barbarie !

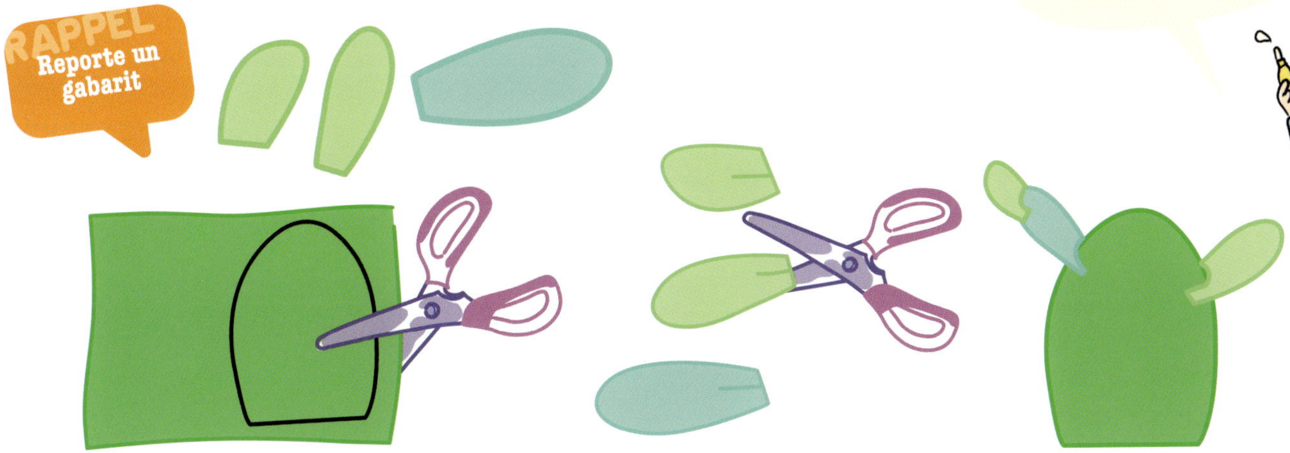

1 Reporte et découpe les quatre gabarits du cactus « Figuier de Barbarie » sur les différents papiers verts.

2 Entaille à la verticale la base des trois plus petites formes.

3 Assemble la plante en insérant les fentes des petites formes sur la plus grande forme.

4 Créer un petit pli sur la base de la plante.

5 Encolle le pli.

6 Colle ta plante sur une boîte en bois que tu auras préalablement décorée avec des *masking tapes* et un rond de papier. Colle une jolie fleur en son sommet.

La plaque de bienvenue

DIFFICULTÉ

MATÉRIEL

Un tambour à broder

Des papiers cartonnés unis et imprimés

Des formes de découpe *dies* motifs « nuage », « poissons », « voilier »

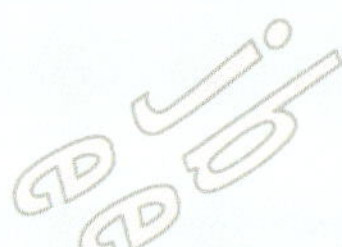
Des formes de découpe *dies* alphabet

Des carrés de mousse adhésifs double *face*

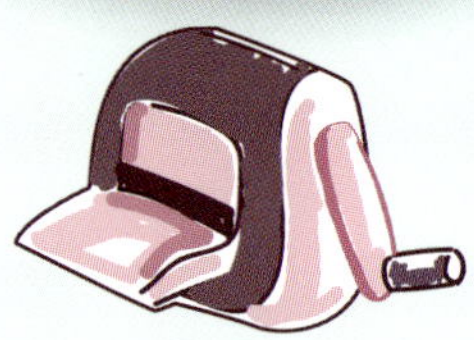
Une machine de découpe

Des ciseaux à papier

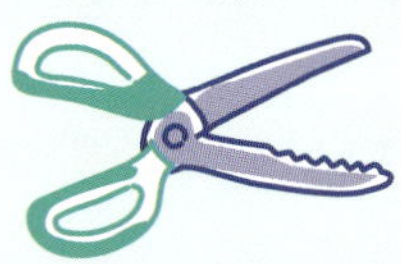
Des ciseaux cranteurs

Un tube de colle blanche

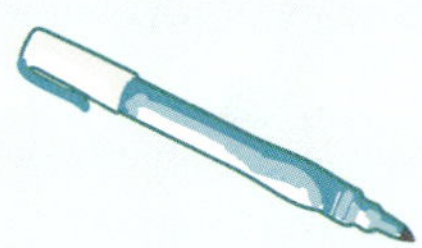
Un stylo-colle

Une ficelle

Un bâton de colle

L'autre jour, la maman de Lina a dit à sa fille : « Il est magnifique, votre atelier. Vous devriez pendre la crémaillère ! » Lina, Chloé, Max et Étienne ignorent ce que cette expression signifie. Seule Myrtille en connaît le sens : « Ça veut dire organiser une fête pour inaugurer un lieu. Au Moyen Âge, une crémaillère servait à suspendre une marmite ; c'était la dernière chose qu'on installait dans une maison. » Chloé a une idée : « Plutôt qu'une fête, on pourrait accrocher une plaque de porte et écrire : « Bienvenue chez les Petits Créas ! »

Ce qui est merveilleux dans le travail du papier, c'est de pouvoir embellir ses créations avec des formes de découpe. Reste à bien maîtriser l'utilisation de la machine de découpe. Un petit tour de manivelle et le tour est joué !

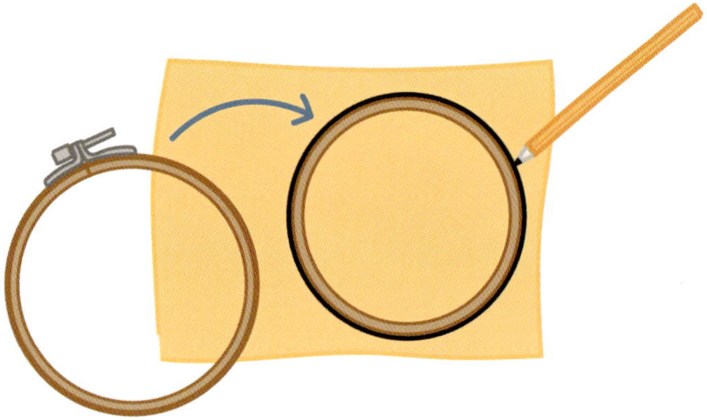

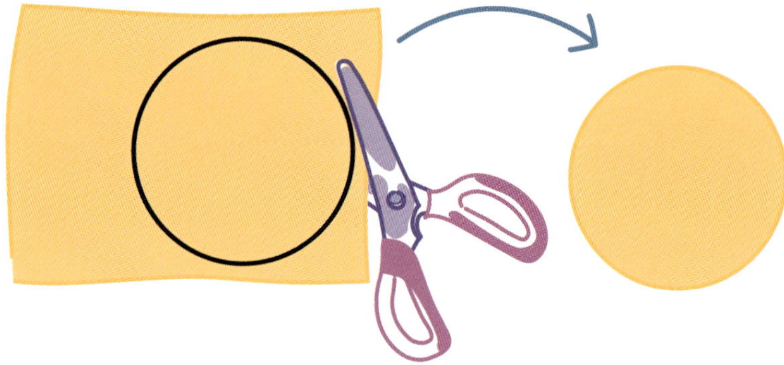

1 Démonte le tambour à broder en dévissant le fermoir métallique. Dessine le contour extérieur du plus petit cercle en bois sur un papier uni.

2 Découpe le rond de papier.

3 Avec les ciseaux cranteurs, découpe des bandes de papier de tailles et de couleurs différentes. Crée différents motifs de vagues en variant ta découpe.

4 Colle une première bande « vague » au milieu du rond de papier. Superpose les autres bandes « vague » jusqu'en bas du rond.

5 Retourne le rond et découpe les morceaux de papier qui dépassent. Remets ton rond à l'endroit.

Pause LEÇON **Utilise une machine de découpe**

6 Avec la machine de découpe, découpe les motifs « nuage », « poissons », « voilier », et les lettres qui composent le titre que tu as choisi.

7 Dispose tous les éléments découpés sur le rond avant de les coller. Pose des carrés de mousse adhésifs au dos des poissons et de la grande voile pour donner du relief. Colle le reste des éléments avec le stylo-colle.

8 Enduis de colle blanche le pourtour du petit cercle en bois et colle-le sur le rond de papier décoré. Laisse sécher.

9 Replace le grand cercle en bois autour du petit et revisse le fermoir métallique.

10 Coupe un morceau de ficelle. Fais un nœud autour de l'attache et suspends ta plaque à une poignée de porte.

Pause
LEÇON

Utilise

Procure-toi une machine de découpe la Décoratrice®, une feuille de papier, une paire de ciseaux et une forme de découpe, qu'on appelle aussi un *die*. Les *dies* fournis lors de l'achat de la Décoratrice® s'appellent D'cos® et sont adaptés aux dimensions de la machine. Tu peux aussi utiliser des *dies* en métal classique.

1 • Découpe une bande de papier de la taille de la taille de la plaque rose.

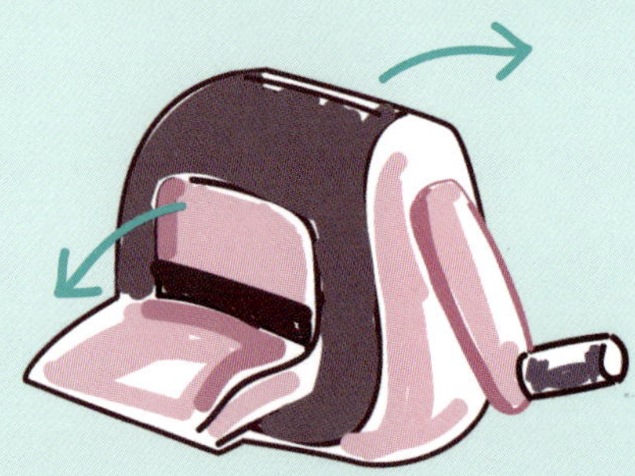

2 • Installe la Décoratrice® sur une surface lisse et ouvre les rabats à l'avant et à l'arrière de la machine.

une machine de découpe

Il existe plusieurs sortes de machines de découpe, mais la plus adaptée pour toi est sans doute la Décoratrice®. En découpant des formes, tu obtiendras de jolis motifs en papier, dont la taille maximale est 6 cm de large et 15 cm de long.

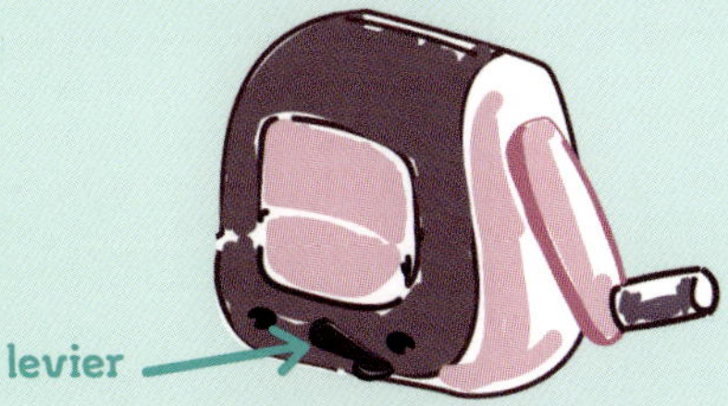

3 • Pousse ensuite le petit levier vers la droite pour fixer la machine.

4 • Pose la bande de papier sur la plaque violette. Pose ton *die* sur le papier, face lisse vers toi.

5 • Pose ensuite la plaque rose par-dessus.

6 • Insère les plaques sur les rabats avant.

7 • Tourne la manivelle.

8 • Les plaques avancent vers l'arrière et pressent le *die* sur le papier pour le découper. Récupère les plaques à l'arrière de la machine.

9 • Découvre ton motif découpé ! Ne t'inquiète pas, il y aura des traces de découpe sur la plaque violette, c'est normal !

Attention : demande de l'aide à un adulte si le motif découpé se coince dans le *die* car il faudra alors le retirer minutieusement, par exemple à l'aide d'une petite aiguille.

La photo déco

DIFFICULTÉ

MATÉRIEL

Une photo (10 x 15 cm)

Un cadre (30 x 30 cm)

Trois feuilles de papier cartonné de différentes nuances de vert

Deux feuilles de papier scrapbooking imprimé (30,5 x 30,5 cm)

Un tampon motif « feuille » Flamingo® Design Studio

Un encreur noir

Un alphabet doré adhésif Chipboard® Toga

Des carrés de mousse adhésifs double face

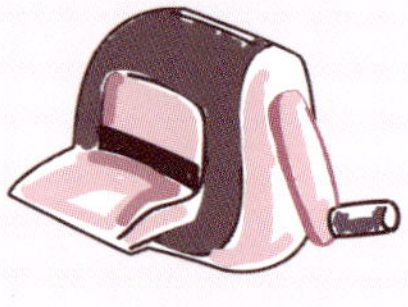
Une machine de découpe

Une forme de découpe mot « Moment » Métaliks® Kesi'art

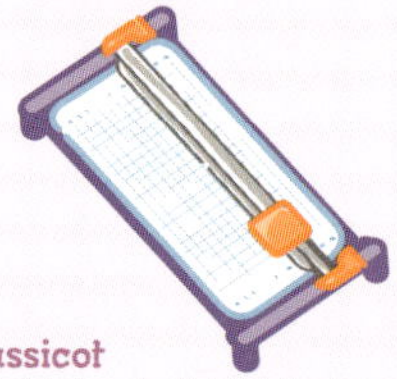
Un massicot

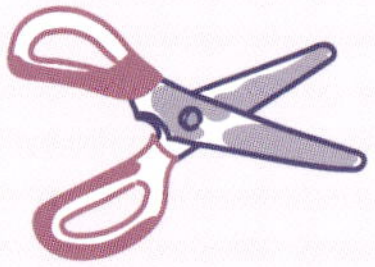
Des ciseaux à papier

Un bâton de colle

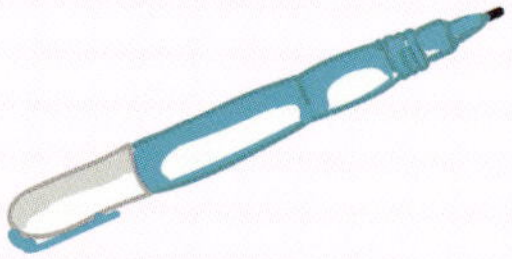
Un stylo-colle

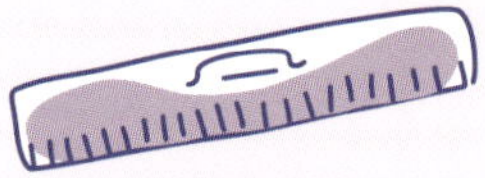
Une règle

Depuis que les Petits Créas ont appris à encadrer des photos, ils n'arrêtent plus ! Il faut dire que s'il y a un cadeau qui fait toujours plaisir, c'est bien celui-là, surtout quand on y ajoute des touches personnelles ! Ainsi, Lina a offert un très joli cadre à sa grand-mère avec la photo de son chat. Chloé a préparé ses cadeaux de Noël pour les cinq prochaines années ! Quant à Max, il a encadré sa photo avec la mention « Champion de football ».
Les autres Petits Créas se sont gentiment moqués de lui !

ATELIER Papier

Sais-tu en quoi consiste le scrapbooking ? Tout simplement à créer des décors pour y intégrer des photos. Te voici arrivé(e) à la dernière création de ce livre. Apprends à « mater » une photo et à décorer une page de scrapbooking et tu auras acquis les principales techniques pour travailler le papier !

1 Enduis le tampon « feuille » d'encre noire et tamponne un papier vert. Répète cette action plusieurs fois sur les trois papiers verts afin d'obtenir une trentaine de motifs.

2 Découpe chaque motif.

Pause LEÇON — « Mate » une photo

3 « Mate » la photo que tu as choisie avec deux papiers verts de différentes nuances.

RAPPEL Utilise un massicot

4 Choisis un papier imprimé pour le fond. Découpe-le au format 30 x 30 cm à l'aide du massicot. Découpe une bande d'un autre papier imprimé de 15 x 30 cm. Colle cette bande au centre du papier de fond.

5 Colle la photo au centre de la page.

6 Colle deux carrés de mousse adhésifs au dos de chaque motif « feuille ». Retire les pellicules protectrices qui recouvrent les adhésifs.

7 Colle les motifs « feuille » tout autour de la photo en mixant les couleurs.

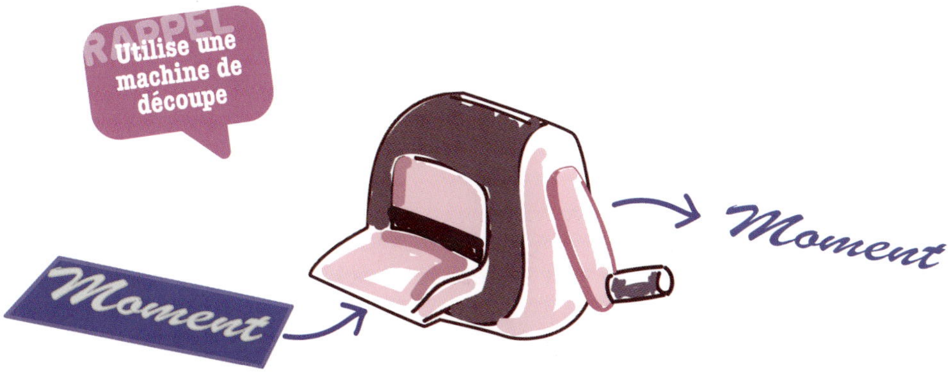

8 Découpe le *die* « Moment » à l'aide de la machine de découpe.

9 Encolle le dos du mot à l'aide d'un stylo-colle.

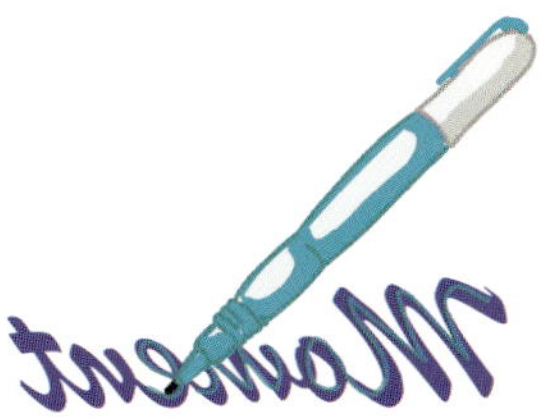

10 Colle le mot découpé sous la photo.

11 Poursuis l'écriture de ton titre en collant des lettres adhésives Chipboard®.

12 Positionne ta page de scrapbooking dans un cadre pour en faire un joli cadeau !

Pause LEÇON

« Mate »

MATÉRIEL

Procure-toi une photo, deux feuilles de papier de deux nuances de vert, des carrés de mousse adhésifs double face et un bâton de colle. ▶

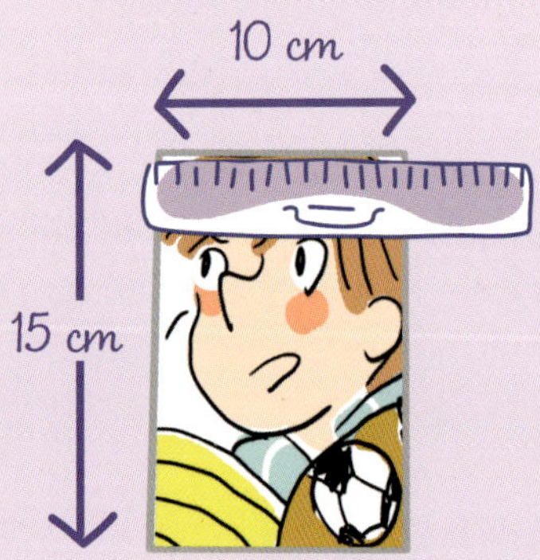

1 • Mesure la photo dans sa largeur et dans sa hauteur. Dans notre exemple, elle mesure 10 x 15 cm.

2 • Découpe un rectangle de papier en ajoutant 1 cm à la largeur et à la longueur de la photo, soit un rectangle de 11 x 16 cm.

une photo

« Mater » une photo signifie l'encadrer, dans le vocabulaire technique du scrapbooking. Rien de plus simple grâce au massicot qui permet en quelques minutes de créer des cadres pour mettre en valeur les photos.

3 • Petite astuce : colle des carrés de mousse adhésifs au dos de la photo afin de lui donner du relief ! Retire les pellicules protectrices qui recouvrent les adhésifs.

4 • Colle la photo au centre du rectangle de papier.

5 • Pour créer un double cadre, avec une largeur un peu plus grande, découpe un rectangle de 12,5 x 17,5 cm, dans un papier d'une autre nuance de vert.

6 • Encolle le dos du premier cadre avec un bâton de colle.

7 • Colle-le sur le second rectangle de papier.

À ma jolie Yaëlle et à tous les Petits Créas qui l'entourent et m'inspirent,
dont l'imagination brille et pétille chaque jour !

Merci à Emmanuelle Prot pour sa confiance.

Textes : **Magali Toursel et Nathalie Weil**
Illustrations : **Clotka**
Direction de la collection : **Nathalie Weil**
Conception graphique et réalisation : **Xavier Crauffon**
Photographies : **Xavier Curtat**
Correction : **Alice Breuil**

Une société du groupe PUBLICATIONS

Éditrice : **Emmanuelle Prot**
Tél. : 06 14 19 44 21 / Email : eprot@creapassions.com
Partenaire de www.creapassions.com

ISBN : 978-2-37685-007-6
Dépôt légal : avril 2018.
Imprimé en U.E.

fruits et légumes de saison
terreau
Fimo
Fimo